県民"共有の財産"を育てる

半完成協奏曲

♪さらなる・はんせいきへ♪

~コープやまぐち50年の軌跡~

監修 小川全夫

有吉政博・編著

COOP Yamaguchi 50th Anniversary

コープ出版

はじめに

生活協同組合コープやまぐちが50周年を迎えました。その巻頭を飾る文章を書かせていただくことは、私にとって極めて光栄なことです。一時期、私は、生活協同組合コープやまぐちの経営監理委員として任に当たらせていただいたことや、国際協同組合年山口県実行委員会委員長を務めさせていただいた機縁によるものと考えています。せっかくの機会ですので、生活協同組合活動への私の思いを綴《つづ》らせていただきます。

２０１２年は、国連の国際協同組合年でした。協同組合原則（自助・民主主義・平等・連帯）に基づく事業が、倫理的価値に重きを置きながら、貧困削減や雇用創出に貢献してきたという歴史を再確認しながら、これからは、持続可能な社会の形成に寄与する協同組合に関する、国際的活動計画の必要性を論議した年でした。国際協同組合年山口県実行委員会では、コープやまぐち理事長（当時、現・会長理事）の、有吉《ありよし》さんのご提案により、郷土出身の「日本における産業組合運動の先覚者」である品川弥二郎《しながわやじろう》を再評価しよう、という独自の活動に取り組みました。そこで、古川薫《ふるかわかおる》さんに依頼し、品川弥二郎伝を山口新聞で連載していただいた。それは一冊の本にまとめられ『志士の風雪――品川弥二郎の生涯』と題して、文藝春秋から出版されております。品川弥二郎は近代日本の産業化を図るうえで、地域の中小企業が協同組合原則を発揮すれば、大きな力を発揮すると期待をかけ、産業組合や信用組合の法制化に尽力したのです。

今では、協同組合原則に基づく組織は、生活協同組合、農業協同組合、漁業協同組合、森林組合、事業協同組合、有限責任事業協同組合（ＬＬＰ）、ワーカーズ・コレクティブなどさまざまな分野で、株式会社組織と対抗、あるいは補完しながら経済社会を支えています。毎年７月第１土曜日は国際協同組合デーとされていますが、２０１３年は7月６日に、「危機にこそ強い協同組合」をテーマに掲げました。そして、２０２０年までに協同組合が、⑴経済・社会・環境の持続可能性において認知されたリーダーとなる、⑵人々に最も好まれるモデルとなる、⑶もっとも急速に成長する事業形態となる、という３つの目標を掲げて、行動を起こすことを国際協同組合同盟は目指すことになりました。

振り返って、生活協同組合コープやまぐちのこれまでの活動と今後の展開方向をみてみると、すでに地域の消費生活を守る50年の歴史の重みがあり、協同組合原則を実現してきたと評価されるでしょう。そこには組合員、職員、役員たちの献身的な活動が詰め込まれています。さまざまな危機がありました。この間に、日本社会はいわゆる大量生産、大量流通、大量消費を可能にする大衆消費社会に変貌しました。そこには生活協同組合も巻き込む大型店舗化、食品添加物、輸入食品の安全性などをめぐる厳しい対応を迫られる場面もありました。その困難を乗り越えて、今があるのです。

そして生活協同組合コープやまぐちは、現在も、組合員の声を聴きながら、さまざまな取り組みをしています。食品の安全・安心を確保するための商品開発や政策提言、商業環境の変化にさらされる買い物弱者を支える活動や地域づくり提言、平和や環境の持続性を訴える活動や提言など、実践しながら社会に問いかける運動を展開しています。とりわけ、日本ではなかなか男女共同参画が進まない中、生活協同組合コープやまぐちでは、「女性いきいき大賞」を設けて、県下の女性の活動を力強く支援しています。

おそらく、今後の生活協同組合コープやまぐちの展開可能性は、人口減少・超少子高齢化という人口枠組みの変化の中で生じてくる、さまざまな生活ニーズを事業展開のチャンスと捉える企画力と実践力によるといえます。現行の趨勢《すうせい》を延長した先に見える将来は、決して明るいものではないでしょう。子育て難、買い物弱者、独居高齢者、生活交通難、無縁死、災害被害など、すでにさまざまなゆゆしき兆候が現れています。そして、これらの兆候に果敢に取り組む姿がすでにみられます。すべての世代にやさしい生活協同組合という姿をさらに展開することで、さすが生活協同組合は時代のリーダーであると、多くの人々から好意をもって迎え入れられ、次世代においては急成長する組織となりえるのです。

ソウル市麻浦《マポ》区の中にあるソンミサンという地域は、「やりたいことを口にしたら、実現してしまうまち」といわれています。保育園の待機児童が多いと嘆くのではなく、だったら自分たちで保育園を協同組合組織で造ってしまおうという親たちが動いたのです。今では保育園だけでなく、小中高の学校（オープンスクール）まで造ってしまいました。商店も、中食店も、外食店も、リサイクルショップも、FM局も、劇場も造りました。今では常時50から60近くの事業が動いているそうです。それを動かしているのも協同組合原則なのです。これからの山口県では、多様なニーズが現れてくるでしょう。それらをどうしたいのかと自問自答することが最初です。次に、こうしようという提案がなされたら、ダメ出しするのではなく、こうしたらもっとよくなると力づけて、仲間で実現を目指すという姿勢が大事です。生活協同組合コープやまぐちが、そんな未来を切り開く開拓者であってほしいと心より願っています。

この本ができた裏には、コープやまぐちについて14回にわたって連載された山口新聞、私も加わらせていただいた座談会にご参加いただいた梅光学院《ばいこうがくいん》大学学長の樋口紀子《ひぐちのりこ》さん、コープやまぐち新理事長の岡崎悟《おかざきさとる》さん、コープやまぐち組合員理事の福浪美紀《ふくなみみき》さん、『現代日本生協運動小史』をまとめていただいた齋藤嘉璋《さいとうよしあき》さん、そして、この50周年記念の企画を考えられたコープやまぐち会長理事の有吉政博《ありよしまさひろ》さんなど、多くのかたがたの思いが詰まっております。その他、この本の出版に当たられた多くのかたがたに敬意を表し、あらためて、この巻頭に私の思いを記させていただいたことに、心から感謝いたします。

平成25年9月

小川全夫《おがわたけお》（山口大学名誉教授）

県民〝共有の財産〟を育てる　半完成協奏曲

♪さらなる・はんせいきへ♪　コープやまぐち50年の軌跡　目次

目次

座談会

コープやまぐち／50年通史

山口新聞連載

新聞記者の見たコープやまぐち50年

連載にあたって

コープやまぐちが1963（昭和38）年の創業から今年で50年の節目を迎えた。組合員・消費者の視点から山口県の食の一翼を担ってきた半世紀をたどり、これからの50年に踏み出すコープやまぐちを紹介、協同組合の今日的意義についても考えてみたい。協力・監修は小川全夫《おがわたけお》山口大学名誉教授。（文・宇和島正美《うわじままさみ》）

山口新聞　２０１３年６月18日付

第51回総代会

新たな協同へ出発

生活協同組合コープやまぐち（本部・山口市小《お》郡《ごおり》上郷《かみごう》）は11日、山口市の県総合保健会館で第51回総代会を開き２０１２年度の事業・決算報告や13年度の事業計画・収支予算案を審議、承認した。本年度は50周年の記念の年となることから有吉政博《ありよしまさひろ》理事長は「新たな生活者の協同を築いていくことが求められている」「過去をまとめ祝うだけでなく、さらなる半世紀への歩みを踏み出す50周年に」とあいさつ。次の50年への記念の年は会長、理事長、専務理事による新執行体制でスタートすることを決めた。

□売上高１８９億円で減収減益

２０１２年度の事業・決算

「一人ひとりの願いを寄せ合い、私たちのまちに人間らしい豊かなくらしの創造を！」を基本理念に、「信頼の社会形成への絆づくり」をテーマとする中期計画「DESIGN 2015」（2011年度～15年度）の2年目、「日常業務の大改革」を目指した。

損益は減収減益で、店舗事業の赤字は回復できなかった。「店舗事業の再構築を中心にしながら、組合員のくらしに役立つ事業や活動を徹底的に追求していく事業構造と職場風土の改革に取り組んでいくことが必要」（議案書）と、より組合員・消費者の視点に立った事業構造と組織への脱皮が急がれるという。

「供給高」（売上高）は189億6千万円で前年比98・8％。「供給剰余金」（供給高から供給原価を差し引いた金額）は46億1千万円で前年比99・1％。供給剰余金にその他の事業収入を加えた「事業総剰余金」は53億円（前年比97・9％）で、事業外収益が8千万円。人件費などの「事業経費」に50億8千万円（同99・1％）必要で、株式会社の経常利益に相当する「経常剰余金」は3億円（予算比100％、前年比85・8％）となり、計画水準は確保したものの前年を下回った。

事業別では店舗事業は、競合店の影響などにより利用人数が落ち込み供給高は54億5千万円（前年比95・9％）で、経常剰余金は2億7千万円の赤字。競合店との競争が激化する中だが、経費削減も限界にあるという。

宅配事業は、供給高135億1千万円（同100・1％）と売り上げを伸ばしたものの経常剰余金は前年比89・2％の5億4千万円で増収減益。ネットスーパーなどへの他業種からの参

総代会では2012年度の事業・決算と13年度の事業計画などを審議した

入が進み、生協だけの業態とはいえないという。
組合員数は18万5106人で組織率（組合員数の世帯数に占める割合）は30・9％。店舗8万4794人、宅配9万3626人、夕食宅配6686人でいずれも増えた。

□超小型店や宅配で利用促進

2013年度の事業計画・収支予算案「大胆な事業構造転換の初年度と位置づけ、組合員組織、職員組織が一体となり、新たな50年への一歩を踏み出す起点年にふさわしい改革に着手」（議案書）する。

店舗事業は、超小型店（ミニスーパーやコンビニコラボ）の業態開発にも取り組む。宅配事業は、「ライフライン」機能を充実させ、競合との違いを明確にして利用促進を図る。福祉生

提出議案は地域総代らにより採決された

「わたしのメッセージ」の発表で意見を述べる発言者

協さんコープや関連会社との事業ネットワークづくりを検討し、組合員のくらしのさまざまなシーンにグループの「役立ち度」を高めていく。

これらの課題解決のため組織を強化する。マネジメント力を引き上げ、一人一人が主体的に業務改善に取り組む職員集団をつくるとする。

収支予算は、供給事業は供給高187億円、その他の事業収入6億円、事業経費50億円などで、経常剰余金は12年度比83%の2億5千万円を見込む。

□理事長に岡崎氏 有吉氏は会長、山崎氏専務理事

有吉政博会長

新執行体制は理事長の有吉政博氏（64）が会長に就任、理事長には岡崎悟《おかざきさとる》専務理事（58）、専務理事には山崎和博《やまざきかずひろ》執行役員（55）が就く。任期は6月11日から2年間。有吉氏と岡崎氏は理事長、専務理事をともに10年間、山崎氏は3年前から執行役員を務めた。

ほかの理事は次の皆さん。

岡崎悟理事長

山崎和博専務理事

氏名の（ ）は前任・前職で新任。

常務理事　髙木直哉《たかきなおや》　▽**常任理事**　中山光江《なかやまみつえ》、若崎智子《わかさきともこ》

理事　野間誠《のままこと》、金澤猛夫《かなざわたけお》、柳井寧《やないやすし》（山口県職労中央執行委員長）、瀧口治《たきぐちおさむ》（元山口大学理事・副学長）、西山宏子《にしやまひろこ》、福浪《ふくなみ》美紀《みき》、水津登志子《すいづとしこ》、岩崎美穂《いわさきみほ》、倉益佐由美《くらますさゆみ》（地域組合員リーダー）、永田千栄子《ながたちえこ》、志賀《しが》みや子、堀川《ほりかわ》ヒトミ、梅田真弓美《うめだまゆみ》（地域組織委員）、宮部真里子《みやべまりこ》、河林由貴子《かわばやしゆきこ》

常任監事　吉崎博《よしざきひろし》　▽**監事**　徳田恵子《とくだけいこ》、山岡智恵子《やまおかちえこ》（元理事）

山口新聞　2013年6月25日付

組合員387人で創立総会

消費者の視点で運営

生活協同組合コープやまぐちの創業は1963（昭和38）年。地域の声を受けて設立された生協はなによりも消費者の視点で運営され、年ごとに業績を伸ばすが、80年からの3年間に最大の危機・激動期を迎える。再生には苦渋の事業縮小が必要だった。

□創業・危機と再生

コープやまぐちは1963年8月31日、「山口中央生協」の名で小郡町（現在の山口市）で創立総会を開いた。組合員387人、出資金5万円だった。今年3月末現在の組合員18万5106人、出資金72億2500万円と比較すると、まさに隔世の感がある。

1号店の「くみあいマーケット小郡店」（旧小郡町下郷《しもごう》）のオープンは同年10月6日。店舗面積約180坪（594平方メートル）。セルフサービス方式では県内で先発グループになる。

くみあいマーケット小郡店と職員ら

青果、塩干、一般食品、菓子、日用雑貨、衣料、鮮魚、惣菜などを直営。精肉は委託で取り扱っていたという。理容事業も直営し、「事業内容は幅広いものであった」(「コープやまぐち40年の歩み」)。

山口中央生協の誕生は、前身ともいうべき職域生協の小郡生協(国鉄小郡消費生活協同組合)の倒産による。閉店で町内の物価が物によっては15～20％アップしたともいわれ、地域から生協再建の声が起こったのを受けての誕生だった。

25年誌『ささえあって25。』によると、「前生協の事業を受け継いだという背景もあり、中央生協の組織政策は生協運動への信頼回復を第一に構築」「労働組合に依存した職域生協から地域の消費者が中心となった生協運動への理解を求めていった」

藤村節正《ふじむらときまさ》初代理事長は、創立総会の発起人代

くみあいマーケット小郡店開設時の店頭風景

表あいさつで、「広く一般消費者の参加と協力を得て進めたい」と述べて、新しい生協はなによりも消費者の視点で運営される必要があると説いた。

期待と、また倒産するのでは……という不安の声が交錯するなかでのスタートだったが、翌年9月にはこれも労組が結成してつぶれた生協跡に防府《ほうふ》店をオープンさせる。

防府店誕生当時から中央生協の活動を手伝ってきた石本君枝《いしもときみえ》さん（95）＝防府市、66～85年に理事＝は25年誌に寄せた文章で、「主婦のねがい」の趣旨がとても気に入り、手伝うことになったと披露している。

「毎日のお買物で値段、品質、量目のごまかしがなく、値切ったり、疑ったりする必要がなく、絶対に信頼できたらどんなに気持ちがよいでしょう。毎日の生活で良い相談相手があったらど

んなに安心でしょう。この役割を担うのが生活協同組合です」（主婦のねがい）

地域の主婦、消費者、組合員らに支えられ、創立63年度の組合員３０１７人、供給高（売上高）１０９６万円（１店舗）は、69年度には３万４５０人、５６１８万円（３店舗）に拡大している。

❏80年代に最大の危機 苦渋の事業縮小、再生へ

１９７３（昭和48）年の石油ショックを境に、日本経済は低成長時代へと入っていく。長引く不況の中、流通業界は大手による寡占が地方にまで及び、激しい競争時代を迎える。生活協同組合もこの渦の中に巻き込まれる。70（昭和45）年に県庁所在地・山口市に店舗進出を果たした山口中央生協も例外ではなかった。75年からの５カ年計画で、「積極的出店による事業規模の拡大でこの時代を乗り切っていこうとする」（40年誌）。

これにより供給高は、76年度に前年比１３７％アップの約48億円、77年度に初の50億円台、78年度は64億円と拡大する。しかし事業規模は大きくなったものの収益力、財務力はダウンする。

新３カ年計画（79～81年度）で乗り切ろうとした。だが、「供給高不足からの改善という点

では成果をあげるが、収益力回復はならず財務構造はさらに悪化する」

81（昭和56）年度の決算概要を見てみよう。

組合員6万6831人、出資金5億4790万円、供給高100億5762万円で、経常剰余（経常利益）は4億4225万円の赤字。

山口店をリース会社に売却（7年後に買い戻すリースバック契約）し、売却益で赤字を解消したものの、資本費が増えて収支構造はさらに悪化した。

経営構造の抜本的改革がまったなしだった。この経営危機に理事会（82）は事業縮小を決める。

小郡、防府、周南《しゅうなん》、いずみ（山口市）、八王子《はちおうじ》（防府市）5店舗の売却である。

赤字事業を整理することで収益力を回復し、後の山口店買い戻しに実行力を付ける策でもあった。しかし痛みを伴う事業縮小だった。

40年誌第3章「激動期　1979～1982（昭和54年～昭和57年）」の扉には、「山口店のリースバック、5店舗の別会社への移行による事業縮小など、それまでの事業活動を大きく方向転換せざるをえなくなったのがこの時期。揺れ動く組織、うずまく不信感、深い挫折感。山口中央生協は設立以来最大の危機を迎えた」とある。

事業縮小を経て、山口中央生協は再生へと踏み出していく。

一連の処理から学んだのは、「組合員の運動に対する信頼と期待、それを基礎として組合員

5店舗売却の衝撃新た

執行部が新計画

総代会、激しい突き上げ

山口中央生協

執行部の責任を追及する声も上がった山口中央生協総代会

83年5月27日付『山口新聞』

ともに問題を解決していくことの重要性」という。

以降、共同購入事業の発展期でもあり再生は進む。ただ、リース契約していた山口店を買い戻さなくてはならない。そのときを翌年度にひかえた87年1月の臨時総代会。決まったのは「買い戻し断念」。

背景には円高の進行があった。素材型の山口県内の産業は影響を受けやすい。不況は、日々の消費生活に直結する。

山口新聞　2013年7月2日付

90年代以降の事業と運動

社会で役割、さらに大きく

経営危機の80年代から再生を着実にした90年代。２０００年代に入ると、地域社会で果たす役割はさらに大きくなった。生活協同組合コープやまぐちの新しい世紀に入ってからの歩みは、堅実な事業・経営と、表裏一体の組合員による活動・市民運動でも注目されている。

□「宅配」が「店舗」上回る　少子高齢社会にも対応

誕生から25年目の１９８８（昭和63）年度、理事長は創業者の藤村節正氏から田村茂照《たむらしげてる》氏に交代した。

経営危機で組織存続をかけた激流の80年代を、田村理事長のリーダーシップの下で乗り越えると、90年代は組合員と職員、二つの人の力を生かして再生の時代に入る。

創業30年の1993（平成5）年10月1日、山口中央生協は「生活協同組合コープやまぐち」に名称を変え、シンボルマークを発表した。

シンボルマークは山口県をシルエット化して太陽を表し、周囲に配した六つのコロナで、コープやまぐちが事業・運動で取り組むキーワード「くらし、健康、文化、福祉、環境、平和」を表現した。これは、91年に策定した「街まちに協同するやまぐち県を」と題した「90年代ビジョン」の内容を具体化したいとする再生・中央生協の心意気を示すものだった。

コミュニケーションフレーズ「咲かせようね、みんなの夢を！」やテーマソングも発表した。

翌年には念願だった商品検査室が完成する。

95年には、経営構造の抜本的改革のため82年度に事業縮小して売却した5店舗のうち、いずみ（山口市）、徳山《とくやま》、小郡の3店を再び店舗とし、コープやまぐちの「経営再生完了」を社会に印象付けた。

しかし90年代後半からデフレ経済、大規模店舗法改正などによる流通業界の激変の影響で事業・経営は停滞する。

40周年の2003（平成15）年度の供給高（売上高）を見てみよう。202億7000万円で、店舗事業76億5500万円（37％）、宅配事業125億4500万円（62％）だった。

供給高に占める店舗事業と宅配事業の占有率が逆転しているが、逆転は86（昭和61）年度（店

シンボルマークは1993年の30周年時に決めた

舗事業44％、宅配事業55％）から。以降コープやまぐちは宅配事業が店舗事業を上回って事業展開する。ちなみに供給高の最大は98（平成10）年度の２１６億４７００万円。

２００６年に「Ｄｅｓｉｇｎ ２０１０」、11年に「ＤＥＳＩＧＮ ２０１５」を発表し、以後５年間の基本的運営方針・設計図を描いた。03年から理事長を務めた有吉政博氏があいさつに書いている。「より主体的に未来を構築したい」とまとめたという。経営危機・再生を経験してきた組織としての反省と、二度とそのような道は歩みたくないという気持ちを表した、と言えよう。

21の日本は少子高齢の人口減少社会で、山口県は先駆けて高齢化が進む。

Ｄｅｓｉｇｎ ２０１０では、高齢化社会への対応を重点課題とし、07に高齢者向けなどに夕食宅配事業をスタートさせた。少子化ではお母さんたちを応援しようと05年に赤ちゃんサポートクラブを始めている。

ＤＥＳＩＧＮ ２０１５では、福祉生協さんコープ、コープサービスやＣＯＣＯＬＡＮＤ山口宇部など関連会社とも連携して、福祉や文化事業を提供するとしている。

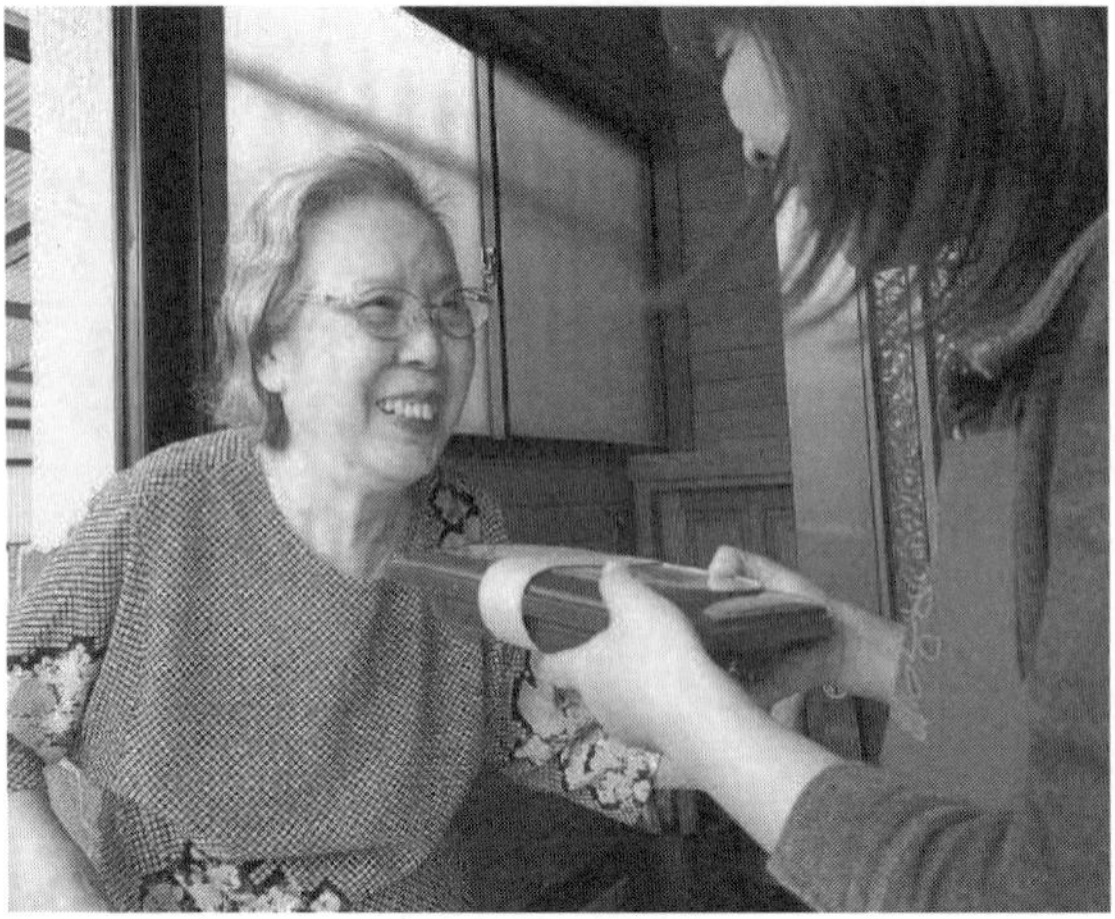

届け先での笑顔がうれしい夕食宅配事業。13年６月現在
１日5100食を届けている

「暮らしを良くしたい」市民運動のリーダーに

コープやまぐちは、暮らしを良くしたいと願って集った消費者の組織。だからその実現のために活動・運動していくことを運営の基本とする。「活動の積み重ねが、社会や地域から生協への可能性の評価と期待を」（40年誌）受けて、組合員18万５１０６人（今年3月現在）となった。

02年に始まった「平和のおりづる飾り」。12年度は約50万羽が平和の大切さをアピールした＝山口市道場門前《どうじょうもんぜん》商店街

事業や商品開発など組織運営面での活動は外からは見えにくい。だが、環境や平和、食や消費者保護など暮らしの安心安全に欠かせない組合員による運動は、自分たちの社会と暮らしを良くしたいと願う人々の共感を得る。

コープやまぐちは、行政や団体、農協や漁協、森林組合などの協同組合と一緒にこれらの活動を行い、市民運動のリーダー的役割を果たすことを目指しているという。

平和運動では、核兵器廃絶・平和を親子でアピールする「ピースリレー」「平和のおりづる飾り」、パネル展や戦跡めぐりなどを行う。

女性いきいき大賞では、住みよい

社会づくりに女性が中心となりがんばっている団体を応援。生き方講座では、山口県立大の協力で県民一人一人が私らしく生きるためのヒントを提供する。

食育活動では、園児・小学生が教材を読んだり料理に挑戦したことを便りにし、サポーター組合員が返事を書いて応援するプログラムを実施している。

虹の募金箱では、「虹の平和とユニセフ募金」(平和活動への援助。山口県原爆被爆者支援センターへの支援。子どもの命と権利を守るユニセフへの支援)、「虹の助け合い募金」(国内外での大きな災害の被災者や日ごろ提供を受けている産直生産者への支援)などに取り組む。

いずれも平和な未来と安心して暮らせる地球を、子どもたちに残していくための運動だという。

山口新聞　2013年7月9日付

消費者運動

暮らしを守るために

生活協同組合コープやまぐちは、店舗事業や宅配事業を行うほか、商品の価格や品質に関する問題、税制や環境といった社会問題にも、消費者の立場から、組合員の暮らしと権利を守る運動に取り組んでいる。

□消費者本位で半世紀
狂乱物価に果敢に対応

生活協同組合は組合員・消費者の生活に必要なものを提供する。一般の小売店・企業（スーパーやコンビニエンスストア）も事業形態は変わらない。しかし目的が異なる。

コープやまぐち（山口中央生協から1993年改称）の「組合員活動のしおり」によると、生協は、「消費者が自分たちの豊かな生活と平和をめざして集まった協同の組織」で、扱う商品は「組合員の意見を元に、安心・安全な商品の提供に心がけ」る。一般の小売店などが「企業や個人の利益を生み出すこと」を目的に、「売れる商品」を扱うのとは違うという。

コープやまぐちの半世紀の歴史はまさに消費者を主役・本位とする活動・運動の積み重ねだが、忘れてならないのは、73（昭和48）年10月の第1次石油危機による狂乱物価への果敢な対応。

「洗剤やトイレットペーパーなどの買いだめは、11月山口県にも波及した。暮らしを守る運動に取り組んでいた山口中央生協は、買いだめ自粛、県への要請活動、価格凍結実施等を通して物価高・モノ不足に対抗した」（40年誌）

11月20日、県庁と県消費生活センターに消費物資の安定供給へ行政指導を要請。12月、婦人団体、消費者団体と共に「家庭燃料を考える山口県消費者集会」を開催。

74年3月、4直営店で生鮮野菜を除く全商品の価格を凍結。利益率は大幅にダウンしたものの、規模を小さくして5月まで続けた。

途中4月22日には「物価をおさえる組合員集会」を開き、参加組合員350人が通産大臣あてに「電力料金値上げ反対」のはがきを書き、全員で県庁までデモ行進。5月には物価値上げ抑制を求める署名1万8千人分を県に提出した。

「消費者行政充実へ要請していくこと」などを決めた県消団連発足記念大会＝75年10月、山口市

県消団連を設立

狂乱物価の中、各消費者団体も暮らしを守るためにさまざまな活動に取り組んでいた。

手を結ぶ必要が確認され、75年7月29日、山口県消費者団体連絡協議会（11団体）が設立された。設立準備から最初の事務局長は中央生協の有吉政博《ありよしまさひろ》組織課長が務めた。以来、事務局はコープやまぐちが引き受けている。

以後、同協議会は、物価安定を求める運動のほか、消費税導入で活動、環境や自然を守る運動、食の安全を求める運動、高齢化社会への活動など、県内のさまざまな消費者運動の中心となって活動している。

現在の構成団体は県連合婦人会、県JA女性組織協議会、県母親大会連絡会、新日本婦人の会県本部、県漁協女性部、コープやまぐちの6団体23万5823人。

物価安定を求める集会後、県庁までデモ行進する組合員ら＝74年4月、山口市

消費者ネットの設立

消費者問題は現在、高齢者を狙った振り込め詐欺や契約トラブルなど巧妙で複雑化している。消費者に情報の提供や啓発活動を行い、相談を受け付けるなど消費者の人権擁護を目的に、2009（平成21）年、特定非営利活動法人（NPO）消費者ネットやまぐちが設立された。

会員は個人と、県生活協同組合連合会、県共済生活協同組合、福祉生活協同組合さんコープ、県学校生活協同組合、コープやまぐちの5団体。このようにコープやまぐちは、県内消費者運動の中心となって活動している。

□石けんから環境まで組合員の思いを運動に

コープやまぐちは、関係団体と一緒に消費者運動にかかわるほか、50年の事業活動の中で、独自の消費者運動を行ってきた。

1970（昭和45）年には、物価高騰にできることは……と模索し、16円牛乳（180ミリリットル入り三角パック）を配達する。酒の直買運動、日用品の共同購入へと広がった。74年には、開発商品第1号の「無添加ちくわ」が誕生した。

80年には、合成洗剤に含まれる石油系界面活性剤の毒性、有リン洗剤による水質悪化が社会問題となったことから、安心して使える「コープやまぐちせっけん」を開発。

その後、買い物袋持参運動や牛乳パック回収運動など資源を大切にして環境を守る運動に発展。2001年には、宅配チラシの回収を始め、回収した古紙で作ったトイレットペーパーの利用を薦めている。

95年には、「ふれあい米交流会」が始まる。これは米不足による緊急輸入米がスタートしたのを受けて、農薬を抑えた特別栽培米を翌94年から農家と契約して提供。生産者と組合員が田植え・稲刈りで交流する。

2000年には、食品衛生法改正のための署名運動に取り組み、11万3811人の署名を国会に提出した。県内68会場で食の安全学習会を行い、店頭や街頭で署名を呼びかけた。

02年には、「食品安全行政の充実を求める署名」で10万人以上の賛同を得た。安全な食について県会議員と懇談会を持ったほか、署名は山口県知事へ届けた。県ではその後、食の安全方針が具体化した。

食品衛生法の改正を求めて街頭で署名活動を行う
＝2000年、山口市の中市《なかいち》商店街

このようにコープやまぐちの消費者運動の後には、いつも組合員・消費者の思いがある。

山口新聞　2013年7月16日付

食の安心・安全（上）

使えない添加物がある

食べ物をそれらしく色付けしたり長持ちさせる食品添加物だが、使ってはいけない添加物があることをわたしたちは知っている。より豊かで健康的な食生活と添加物は不可分の関係だが、相容れない場合があることを、生活協同組合コープやまぐちの半世紀の歩みの跡に訪ねてみよう。

□母の願いが食の精神 やまぐち独自商品54品

「子どもたちにすくすく成長してほしい、安全で安心できるものを食べさせたい母親の願いが（コープの）食に対する精神」と言うのは、中山《なかやま》光江《みつえ》常任理事（62）。普通の主婦が生協の活動に関わり、いまや組合員活動を中心で引っ張る。

班会で商品の試食や紹介をし、意見を集約して商品、事業、運動の改善に生かしていく＝93年

山口中央生協（コープやまぐちと１９９３年改称）の生協運動の原点とされ、商品づくりのスタートとなった「コープ牛乳」（１８０ミリリットル入り三角紙パック16円）の開発は70（昭和45）年。

当時は消費者の力が弱かったこともあり、大手メーカーによる一方的な値上げが行われていた。品質的にも加工乳や調整乳が主流で、牛乳とは名ばかりのものも横行していた。本物の安心して飲める良質の牛乳を求めて——共同購入を始めた、と25年記念誌にある。

山口中央生協はこの時期、県庁所在地・山口市に店舗をオープンし、牛乳で班組織をつくり地域に組合員を広げていった。組合員はメーカー見学で確かめたことを、地域で自ら知らせる活動を続けた。牛乳班づくりは軌道に乗り、コープ牛乳利用も飛躍的に高まった。

「組合員が力を合わせ、自分たち自身の手でよりよいものを求め、必要とあらば作っていくことの意味と喜び、手ごたえを、わたしたちはこの牛乳の取り組みを通じて知っていった」（25年記念誌）。

そうした組合員の自信と誇りが74年、山口中央生協独自ブランド第1号「コープちくわ」を完成させる。78年には添加物を使わない豚肉100％の「生協ウインナー」（冷凍）が誕生。翌年に「コープイギリスパン」、80年には「コープやまぐちせっけん」を開発する。

共同購入は16円牛乳を飲む運動から始まった＝創立30年記念誌

80年代に入り隣人からこのウインナーを薦められて食べたのが中山さん。肉まがいのものとは違い、「ウインナーが肉だと初めて思った」。2人の子ども（幼稚園の長男と2歳の長女）にはできるだけ市販品は食べさせないようにしていた。長男は「コープのは色はきたないが、おいしい」と食べた。

組合員になり、いろいろな商品を食べ比べてみると「おいしかった」。組合員活動にも加わった。添加物に頼らない商品づくりをやっていたので、添加物の学習から始めた。のめり込んだという。組合員活動のリーダーを務める現在、「組合員と一緒に商品開発をするのが魅力だ」。

　コープやまぐちの商品づくり（開発、見直し）は商品活動委員会で行う。組合員と職員、メーカーで構成し、組合員からのニーズ（需要、必要性）を元に議論し、開発するかどうかを決め、試作を重ねて商品にしていく。「生協が商品を作ってくれるから、私たちは安心なものを食べられる。子どもにも食べさせられる」という組合員・消費者の願いが作り出した独自商品（2013年6月現在）は、コープやまぐち開発商品54品、生活協同組合連合会コープ中国四国事業連合（CSネット）開発商品101品、日本生活協同組合連合会（日本生協連）開発商品3984品。日本生協連開発商品は7分野（農畜産品、水産品、日配品、加工食品、酒類、家庭用品）となる。

山口中央生協独自の商品開発がスタート

1974

大切にしたい、こだわりたい。安全安心な食生活《くらし》。

1974 昭和49年

豆腐からAF2を追放。さらに、AF2を使用した食品を締め出す。

うどんから過酸化水素も追放。

山口中央生協のコープ商品第1号として「コープちくわ」誕生。

安全安心な食生活のために独自商品の開発が始まった＝創立30年記念誌

□危険な添加物を追放
食品行政の問題点提起

食品の製造過程、食品の加工・保存で使われる保存料、甘味料、着色料、香料などの食品添加物は、人の健康を損なう恐れのない場合に限って使用が認められる。

しかし、コープやまぐち半世紀の歴史をさかのぼると、組合員・消費者に危険な添加物を使った商品をいかに売らないか、届けないようにするか……という試行錯誤、戦いの連続だったようだ。

70年代前半、殺菌効果が高く長持ちするとして豆腐やハム、ソーセージに使われていた食品添加物ＡＦ２が遺伝子に突然変異を起こすことが分かり、ＡＦ２を使用した食品を店舗から撤去。漂白・殺菌剤としてうどんに使われていた過酸化水素も追放した……。

一連の運動、活動の中から有害な食品添加物を使わない食生活への願いが高まる。安心して食べられる商品を自分たちで作っていく活動が始まる。「コープウインナー」などのプライベート商品に結実してきた。

「国民の健康保護が最も重要」という基本認識で新食品行政へかじをきった、２００３年の「食品安全基本法」施行まで、日本の食品安全行政は非公開の情報が多く、添加物認可の根拠も知らされていなかった。

コープやまぐちは当時、全国の生協などと連携し、食品添加物など化学物質の自主基準を設け、行政の基準より厳しい基準で商品管理と運用を行った。食品安全行政の問題点を行政に投げかけ、社会に提起してきた。運動の中で、組合員が加工食品の実態や食生活のあり方について考える機会を持った。

そうした体験と知見は今後も、コープやまぐちの商品管理に生かされるはずだ。

コープやまぐち　食品添加物　基本の考え方

①食品に有効性（加工性、栄養性、風味などの効果）がある食品添加物については、使用目的にそって食品衛生法を順守して使用する。

②コープ商品については、日本生協連やCSネットと連携した生協独自の管理基準（不使用添加物、使用制限添加物など）にそって使用を判断する。

③国のリスク評価が十分にできていないと考える食品添加物は、安全性の向上を目指し日本生協連と連携して行政に再評価を求めていく。

山口新聞　2013年7月23日付

食の安心・安全（中）

生協ブランド最大の危機

生活協同組合コープやまぐちの50年の歴史には、組織（経営）的な危機や、生協運動そのものが問われるような危機があった。2008年の中国製ギョーザ事件は、「生協ブランド最大の危機」と関係者がいうように生協運動の本質を問われる危機だった。

❏40年の信頼打ち砕く「中国製ギョーザ」事件

コープやまぐちの店舗・宅配では、メーカーが開発し全国の小売店で買えるナショナルブランド（NB）と、生協が独自に開発した商品を販売・取り扱っている。

生協が開発しコープやまぐちが扱う商品には3種類ある。

コープやまぐち独自ブランドの「組合員にとってまさに宝」（中山光江常任理事）ともいう

べき商品（54品）と、生活協同組合連合会コープ中国四国事業連合（CSネット）が開発してCSネット9生協で流通する商品（101品）、日本生活協同組合連合会（日本生協連）が開発し全国の生協で扱われる商品（3984品＝いずれも今年6月現在）の3種類だ。

「よりよい品質、安全で適正な価格を」という組合員・消費者の要求に応えて登場したこれらの商品は、北海道から沖縄までの生協組合員と関係者が手がけたもので、コープの誇りともいうべき商品。

コープやまぐちは地域生協だが、日本生協連が開発した商品やNB商品を扱う。組合員が商品を選べるように、安心・安全に問題がないなら大きな組織で作った商品は安いので、そちらを選ぶ組合員が多いのだという。安心という土台の上に安価というおまけまで付くのなら、組合員・消費者には願ってもない。

生協ブランドに寄せる組合員・消費者の、こうした信頼を打ち砕く事件が2008年1月に起こった。

〈中国の食品会社が製造し、JTフーズが輸入した日本生協連ブランドの中国製ギョーザから殺虫剤メタミドホスが検出された〉という厚労省通達。ショッキングなニュースだった。連日の新聞、テレビ報道。

有吉政博前理事長が毎週職員らに呼びかけていたメッセージ集には、「CO・OPブランド最大の危機――」（08・2・11付）の見出しで、「CO・OP＝安全・安心という消費者の信頼

豆腐や卵、うどんや納豆、ミカンジュースやそばまでコープやまぐち開発商品の数々

を確立するまで――様々な取り組みを行ってきました」とあり、40数年の運動の成果を失ってはならない。「日本生協連もコープやまぐちも組合員から見れば同じ生協」、言い訳はせずに「組合員意見をしっかり聴くことと誠実な対応を」職員に強く求めた。

「返品や注文キャンセル、さらには脱退や利用を休むという連絡、そこまで行かなくても生協の商品に不信感を持つようになりました、生協も信頼できないなどなど」(同2・18日付)。事件の影響は大きかった。

では、信頼を裏切られた組合員・消費者の声に、どのように対応したのか。

中山常任理事によると、原料や加工で国内産を扱ってくれという大きな声があった。コープやまぐちでは、国内産商品の見直しを行った。「作るところからきちんと知らないといけない」

と、産地、工場の見学に力を強めた。

組合員の代表が「安全な材料で安心な商品が作られていることを、ちゃんと見てきましたよ」と情報誌で組合員に知らせ、理解してもらうようにした。いまに続いている。

常設のやまぐち食の安心・安全研究センターでは、安心な食を提供するために検査体制をさらに充実させた。

日本生協連は品質を高めるために商品の製造工程を見直した。問題のギョーザに事件発生前、異臭がするとクレームがあったものの対応ができていなかったことから、危機管理システムを整備するなどした。

❏コープ商品はいろいろ日本生協連など3種扱うコープやまぐち

コープの商品にもいろいろある。店で手に取った商品が、コープ商品かナショナルブランドかは、商品表示（マーク）などで分かるだろうが、そのコープ商品がどこの生協が開発したものかは……、ちょっと分からない。

コープやまぐちで扱う3種類のコープ商品について、開発の特徴などを説明してみる。

日本生活協同組合連合会（日本生協連、全国約６００の生協や事業連合などが加入する組織。

日本生協連商品の商品表示マーク

ＣＳネット商品の宅配カタログ表示

コープやまぐち商品の商品表示マーク

全国コープ商品の開発、供給、会員生協の事業と運営への指導的役割を担う）が、開発している商品。「安全・品質・低価格」を基本コンセプトに、普段の暮らしに役立つ商品を開発する。全国の生協で買える。

生活協同組合連合会コープ中国四国事業連合（ＣＳネット、中国四国地方の９生協がつくっている事業連合。共同仕入れ、開発により１生協ではできないことを実現しようと２００５年に創立）が、指定する商品仕様で作られた商品。

地産地消を目指し中国５県の原料を指定して製造しているＣＳ開発商品や、短期間での開発を図る

CSオリジナル商品がある。

コープやまぐち（組合員18万6824人＝今年6月現在）のオリジナルブランド。山口の暮らしに密着した商品で、同生協組合員の声によって開発、見直し、改善が行われている商品。第1号は「コープちくわ」、最新の独自商品は11年4月の「コープ大好きやまぐち牛乳」のリニューアル。

山口新聞　2013年7月30日付

食の安心・安全（下）

安心を保障する品質管理

自分たちでできることは自分たちの手で、社会の仕組みを変えなくてはならないことは行政に働きかけて――。生活協同組合コープやまぐち（本部・山口市小郡上郷）の商品の基本にあるのは安心と安全を保障する品質管理。組合員・消費者の食の安心と安全に対する責任である。

❏生産者と消費者協同「商品検査センター」を一新

食の安心と安全に対する流通業者としての責任。すなわち小売業者として店舗や宅配で取り扱い、組合員・消費者の食卓に届ける商品が、安全で安心できるものであることを保障する品質管理。そうした商品を扱っているというサービス業としての誇りを、確かにするための仕組み・設備があってもいいはずだ。

コープやまぐちの場合、1992(平成4)年夏に開設した「商品検査センター」がそれにあたる。

「安心で安全な食品をという組合員の願いと、自分たちの手で確認をという願い」から生まれたと当時の新聞にある。「小売業では県内初めての施設」とも。

コープやまぐちの冊子「商品ものがたり」では、「店舗が直接製造する総菜食品や、外部に製造委託するコープ商品の衛生管理強化を目的に——微生物検査・理化学検査と生協が考える食の安全政策をほぼ自らが確認できる検査体制」と自負する。経営的には困難な時代で、必要な設備投資は3年かけて実現させた。

この商品検査センターが2005年、「社団法人やまぐち食の安心・安全研究センター」に生まれ変わった。

食の安全確保が社会的に高いニーズになる中、消費者に農作物の安心感を持ってもらうため、出荷前の自主検査を進めたい、と全農県本部から打診があった。新しい設備にして検査水準を高めたいコープやまぐちの意向が一致する。全国でも例のない生産者団体(JA山口中央会、全農県本部)と消費者団体(県生協連、コープやまぐち)4者の出資による社団法人での検査機関の設立だった。

場所は県流通センター内にあるコープやまぐちの本部敷地用地(本部移転は翌年)に、建物

残留農薬検査の前処理＝やまぐち食の安心・安全研究センター

は全農県本部の手で新築された。まさに生産者団体と消費者団体協同の検査機関となった。

事業は、農協検査部門と生協検査部門に分かれて運営する。

同センターの川村哲司《かわむらてつじ》事務局長によると、ＪＡグループによる農産物の出荷前残留農薬と米カドミウムの検査▽生協グループによる食品の理化学検査、微生物検査、残留農薬検査▽食品の安全性確保への県民、組合員・消費者の知識と理解を深めるための啓発・研修も行っている。

微生物検査では、汚染指標菌（一般生菌数や大腸菌）、食中毒菌（黄色ブドウ球菌やサルモネラ）などの検査。理化学検査では、食品添加物（保存料や酸化防止剤）、鮮度や品質、抗生物質などを調べ、残留農薬を調べる。

コープやまぐちは05年、中国四国地方の9生協と生活協同組合連合会コープ中国四国事業連合（ＣＳ

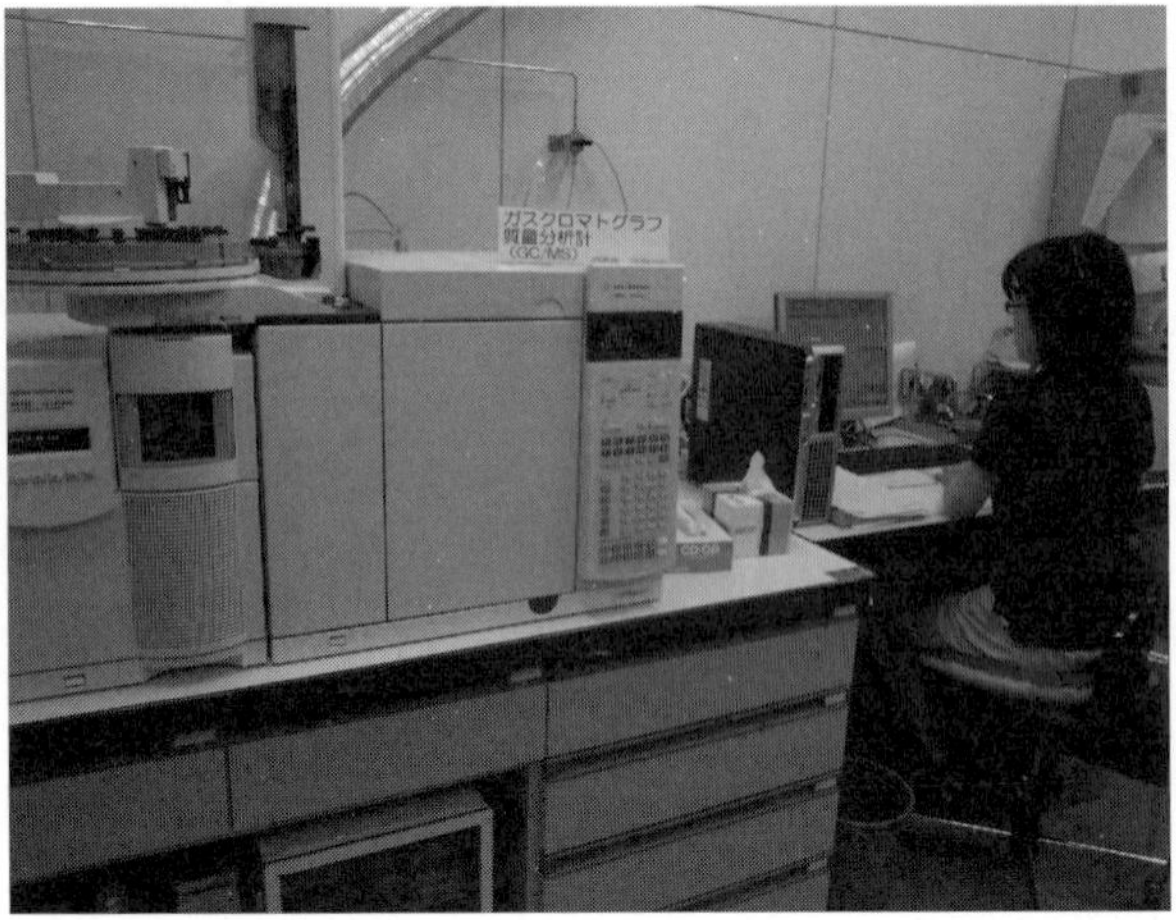

残留農薬の分析は、ガスクロマトグラフ質量分析計で行われる

ネット）を創立。ＣＳネットで商品事業を統一し、商品検査も協力体制で行うようになった。

現在、５生協の流通商品の微生物検査、５生協のプライベート商品とＣＳネットの開発商品、４生協の農産物残留農薬検査を実施。コープやまぐち単独では、店舗や宅配商品、夕食宅配の微生物や残留農薬を抜き取り検査し、うち夕食宅配では週１回の微生物検査、月５品目の残留農薬検査をする。

店舗の衛生検査では年２回（５、11月）、生鮮（農産と水産、総菜）のバックヤード（加工・調理場のまな板や作業者の手指）も含めて検査している。

□行政の仕組み変える 法律改正求め署名運動

コープやまぐちは1963（昭和38）年の創業以来、組合員・消費者の求める食の安全と安心に取り組んできた。

21世紀を前に、遺伝子組み換え食品の輸入開始や、環境ホルモンなど食をめぐる問題がニュースとなる。その後も食品の偽装表示事件や鳥インフルエンザ問題など、食の安全をおびやかす多くの事件事故が世間を騒がせた。

こうした問題は、コープやまぐち単独ではもちろん、生協グループの取り組みでも解決が困難な課題が多く、国と行政が社会的に食品の安全を守る仕組みをつくっていく必要がある。

コープやまぐちは全国の生協・消費者団体と協同で、食品の安全を求めて、食品衛生法改正の署名運動を展開した。40年記念誌に軌跡を追ってみる。

2000年度に、「全国生協と連動してすすめた『食品衛生法の改正署名運動』は、大きな成功を収め、01年度には、国会請願が採択されるなどの成果をあげることができた」。コープやまぐちによる署名11万3811人分。

「02年度を『食の安全と食料問題を考える新たなスタート年』とし、山口県へ安全行政充実強化を求める署名活動（10万3507人分）や産直フォーラムなどの取り組みを展開した」

食の安全行政の充実強化を求めて行った署名活動＝02年、
山口市のコープやまぐち・どうもん店前

こうした運動の結果、03年に「食品安全基本法」制定と「食品衛生法」改正が実現した。山口県では04年、「やまぐち食の安心・安全確保基本方針」が策定される。

コープやまぐちは現在、「国民の健康保護が最も重要」と定める法律による食品の安全を守る仕組みに基づき、商品管理を行っている。その基本となる理念は、あくまでも組合員・消費者の健康を守る食品の提供である。

山口新聞　2013年8月6日付

地産知食と産直

作って食べるいい関係

安全で安心な食の生産と豊かな食生活は、不即不離な生産者と消費者のすてきな関係。生活協同組合コープやまぐちが取り組む「地産知食」運動を支えるのは、生産者と行っている産直運動。地元の人が作って住民が食べる。食と生産の身近な関係だ。

□生産と消費結ぶ　知る　県の元気にもつながる

「野菜、午前中で売切れ」「阿東《あとう》町の農村主婦が産地直売」の見出しが新聞に踊ったのは1971（昭和46）年夏。山口中央生協（コープやまぐちと93年改称）山口店で、阿東町生活改善グループ（当時）と野菜や漬物の産直が始まったのを受けての記事だ。

山口中央生協25年誌に同グループ代表、吉松敬子《よしまつけいこ》さん（故人）が書いている。

「野菜がないときに高値をつけたりしたんでは……信頼関係はなくなってしまいますからね」「生協の奥さま方にも……こちらに来ていただいて……いろいろ教えてさしあげている。みなさん……農薬のほんとうの恐さなんてご存知ないですからね」「直販をすることによって、逆に土に生きる自信みたいなものをつけさせてもらったんだと思いますよ」

生産者と消費者がそれぞれの立場を超えて、得るものの大きい試みだったことが分かる。

地域の生産物を購入することは、地域の生産者を応援すること。生産者の収入が安定すれば地域の生産力は高まり、食と経済の好循環が生まれる。「地産地消」（地域生産地域消費）の理念にかなう試みだった。

10年が経過した80年には、さらに4店で近郊の農家による有機野菜の産直朝市が始まる。産直ルートは広がり、90年秋には仁保《にほ》農協（当時）とタイアップし、生産者の名前を記した省農薬、有機栽培の産直野菜コーナーが全店でスタートする。いつでも買えるようにという組合員の声に応えたと40年誌にある。

現在、コープやまぐち全7店の産直コーナーへの提供者は次の通り。

山口市のいずみ、どうもん、小郡店＝JA山口中央仁保産直部会▽新下関店＝安岡《やすおか》ひまわりレディースとニコニコ農塾▽小野田《おのだ》店＝JA山口中央嘉川《かがわ》支所有機野菜部会▽宇部《うべ》店＝同有機野菜部会とニコニコ農塾▽とくやま店＝JA南すおう平生《ひらお》支所。

このような地元の生産物を地元で消費する運動は、「地産地消」運動として広く行われている。

産直米の田植え後に生産者と交流会＝11年５月、萩《はぎ》市佐々並《ささなみ》

コープやまぐちは現在、この運動を「地産知食」運動として展開している。

食のグローバル化によるリスクが世間を騒がし、流通経路が分かりやすい国内産、とりわけ地元産に需要が高まったこと、地産地消が多くの消費者に認知されるようになったことが、要因としてある。

生産と消費を結び付けるキーワードは「知る」ことだと、中山光江《なかやまみつえ》常任理事は話す。

「食べ物を知る、生産を知る、食べ方を知ることで、『地産知食』運動への消費者の側からの参加意義を高めたい。知っているようで知らないことの多い山口県の農業や漁業、産地と生産のこともっと知っていきたい。食べ物の旬、旬の素材を食す料理。知ることで消費生活にもプラスになるし、生産者の元気、山口県の元気につながる」

そんな思いを込めて、「地産知食」運動の意義を説明する。

❏憲法のような「三原則」深川養鶏も産直パートナー

コープやまぐちは消費者運動として「地産知食」を進めるとともに、生産者（団体）と一緒に産直運動を行っている。

コープやまぐちには「産直三原則」といって、産直の憲法のようなものがある。産地・生産者が明確であること▽肥育・肥培方法・管理（肥料や農薬、飼料が適切に使用されその管理）が明確であること▽生産者との交流が行われていること——の三つである。

コープやまぐちは、この原則を満たし、産直の実績のある生産者と産直事業協定を締結。「産直パートナー」としている。

長門《ながと》市の深川《ふかわ》養鶏農業協同組合（末永明典《すえながあきのり》代表理事組合長、28戸）とは、2011年に結んだ。同養鶏農協との取り引きは1980年代からで、鶏肉と鶏肉商品（から揚げや肉団子など）の提供を受ける。

深川養鶏は、長門市近郊の9地区（一部島根県益田《ますだ》市）に種鶏場、ふ卵場、生産農場、加工工場、製品製造工場を持ち、卵、ひな、生産肥育から処理、商品製造までを行う鶏肉の専門業

山本和明さん（中央）の鶏舎前で。深川養鶏組合の指導員河上実夫部長（右）と伊藤龍彦営業課長

者。年間約650万羽を出荷する。

深川養鶏では、ブロイラー（ふ化後3カ月未満の食用鶏）の飼育期間中（約50日間）の清掃・消毒はもちろん、出荷から次のひなを入れるまで約1カ月鶏舎を空にして消毒し、病原菌のいない状態から育てる「オールイン・ワン方式」で飼育。衛生効果を上げるため地域で空舎期間を設け、地域全体が殺菌できるようにしている。

こうした衛生管理で97年から抗生物資、合成抗菌剤を使わずに健康な鶏が育つようになった。肉質改善に3種類のハーブも与えている。臭みがなく、あくが少ない鶏肉ができる。

日々の飼育管理（えさのカロリーなど）はマニュアル化し、指導員（4人）が指導。専門の獣医師（1人）が病気や種鶏場を管理する。

コープやまぐちの組合員と子ども向けに鶏肉などの勉強会（年4回以上）を開いて交流。鶏

徹底した清掃・消毒管理による清潔な鶏舎で育つ深川養鶏組合のブロイラー

肉のことを教えるだけでなく、こんな商品がほしい、重量はこれくらいで――など消費者の声が聞けるのがいいという。

長門市の山あい真木《まき》地区で、年間27万羽を育てる山本和明《やまもとかずあき》さん（67）は「50日間修正がきかない。１００メートルを走るようなもの。失敗は許されない」と生産者の誇りを語った。

産直パートナーは今年６月現在で21生産者、産直商品35品目に広がっている。

山口新聞　2013年8月13日付

身近で施策にも貢献「消費者市民社会」育む

地域づくりに力を尽くす

生活協同組合コープやまぐちは安全な商品を組合員・消費者に提供する事業のほか、よりよい暮らしと住みよい地域のために役立とうと、さまざまな取り組みを行っている。行政懇談会や商店街振興に力を尽くすなどの活動がそれである。

□行政懇談会など渡辺純忠山口市長に聞く

コープやまぐちは1963（昭和38）年、現在の山口市小郡に山口中央生活協同組合として創業。現在、山口市に本部、宅配センター、商品物流センターと4店舗（どうもん、いずみ、小郡店と宮脇《みやわき》書店コープ湯田《ゆだ》店）を置く。そうした縁から渡辺純忠《わたなべすみただ》山口市長に、コープやまぐちが地域社会で果たす役割などについて聞いた。

――コープやまぐちの印象は

渡辺　社会活動に熱心に取り組んでおられるほか、市の施策の推進に対してもご貢献をいただいている。市民にとっても店舗での購入や宅配事業などを受ける方も多く、身近な存在。

――近年で記憶に残る事業は

渡辺　買い物が困難な地域の高齢者支援で一昨年には、移動店舗販売事業を開始された。また同年、生活協同組合連合会コープ中国四国事業連合（ＣＳネット）の宅配事業コールセンターに企業進出していただき、２００人規模で新規雇用にも貢献していただいている。

――子育て支援でも活動があるようですが

渡辺　赤ちゃんサポートクラブによる支援など素晴らしい成果を挙げておられる。

――組合員が訪ねて首長らと意見交換する行政懇談会は今年で18回目ですが

渡辺　市長に就任してから毎年参加している。テーマ以外にも、施策について市民である組合員の皆さまに直接ご説明し、お知らせできるよい機会。（組合員として）活動していることを市民目線で話していただけるので参考になる。施策が浸透していると思って一生懸命やっているが、空振りという（場合があることを）知ることもできる有意義な懇談。

――コープやまぐちなどでつくる実行委が主催する、山口県版平和市長会議「やまぐちピースフォーラム」に参加されている。平和市長会議は世界中の都市と市民が連体し、核兵器廃絶への道を開こうと、広島市、長崎市を中心に設立されたのでしたね

渡辺　本市も非核三原則の完全実施を強く願い続けている思いから、平成21年度に平和市長会議へ加盟した。山口市には山口県原爆被爆者支援センターゆだ苑もある。山口県は被爆者が多い。多くの市民活動、平和運動が自然にされている。その中で、核兵器廃絶などを行政の役割として主張していくことは、大切であるとの思いから毎年参加させていただいている。

原爆が投下された8月6日、母は私を背負って（当時住んでいた広島県）大竹《おおたけ》から広島へ勤労奉仕に行く予定だった。けれどその日は熱があって行けなかった。私は大学が長崎だった。そういう因縁だなという思いがある。

――コープやまぐちの平和運動について

渡辺　平和とコープとはイメージが重なる。平和であるから毎日がある。単純な形の中で生活はある。そういう感覚が（住民の日々の生活を預かる者として）コープさんの行動と共感するものがある。

――山口市中心市街地活性化計画で2007年にオープンした「どうもんPARK」は、商店街の拠点として道場門前《どうじょうもんぜん》振興組合により整備された。コープの出店参加の評価は

渡辺　コープやまぐちには地元を大切にしてもらえるのではないか、地場の中の地場という思いがある。（経営的に）厳しいときでもあった中で、出店してもらえたのは英断だと聞いている。

コープやまぐちついて精力的に語った渡辺純忠山口市長

（他店が）出て行こうとしているときに、継続して拡張してやっていこうというのは、山口市として商店街としても商店街振興の救世主だったと思う。

――今後、生協に期待するものは

渡辺　コープやまぐちと組合員の皆さまによる環境や福祉、食の安心安全などの取り組みは、「消費者市民社会」を育む活動と言える。これからの人口減少高齢化社会では、買い物弱者への支援などが課題となる。こうした支援は行政だけでは困難で、これまで以上にコープやまぐちにもご支援をお願いしたい。

□未来へつながる活動
行政や商店街振興でも

コープやまぐちのシンボルマークの中心にあるのは、山口県をシルエット化した太陽。太陽の中の「ＣＯＯＰ」の文字は「人、自然、地域社会、未来」を象徴し、人と人が協同する姿を表して、人と自然、地域社会との結び付きが未来へつながる——願いを込めている。

コープやまぐちの事業や社会活動の真ん中にあるこの理念は、有吉政博《ありよしまさひろ》会長が理事長時代に職員らに寄せたメッセージによれば、地域社会で役立つ生協づくりこそコープやまぐちのテーマの一つ、ということになろう。

地域社会で役立つ生協づくりの具体例が二つ。県内の自治体と行っている行政懇談会と、山口市の中心商店街再開発へのどうもん店参加である。

行政懇談会

行政懇談会は、市町の行政責任者（首長ら）にコープやまぐちの活動を知らせ、組合員が暮らす地域の行政施策を首長らから直接聞いて理解を深め、一緒に「くらしづくり・まちづくり」を進めていくことを目的に１９９６（平成８）年に始まった。

昨年の場合、全13市に組合員らが訪ねて、市長と食や環境、高齢者支援や防災など暮らしをよくするために意見交換をした。

久保田《くぼた》后子《きみこ》宇部市長との組合員による行政懇談会＝12年、宇部市役所

商店街活性化へ期待を受けてオープンしたどうもん店＝07年12月、山口市の道場門前商店街

継続することで、さまざまな場面で行政とつながりができて、組合員（市民町民）の声が行政に届くようになったという。

どうもん店

どうもん店は、閉店したダイエー山口店跡のビルを山口市が中心商店街活性化目的で購入し、コープやまぐちが２００２年に核テナントとして出店。

「商店街離れに歯止めをかける役割を果たしてきた」（同生協冊子）が、建物が老朽化し07年、市がビルを解体した跡の市有地に、道場門前《どうじょうもんぜん》商店街振興組合が再開発ビルを建て、コープやまぐちが核テナントとして入った。

「地域社会における役割発揮をめざす生協にとって、大きな意義がある」（有吉会長の同メッセージ）としている。

組合員・消費者に商品を提供するだけではない。コープやまぐちの活動と運動は、地域社会でいかに役立つか、役割を果たしているかをテーマになされているのである。

山口新聞　2013年8月20日付

平和・環境運動

平和、環境で大きな役割

山口県は被爆者数が広島、長崎県に次いで多く、被爆者を支える運動や平和を願うさまざまな取り組みが毎夏に熱くなる。生活協同組合コープやまぐちは、県内の一連の平和運動や環境問題に早くから取り組み、大きな役割を果たしている。

□県版平和市長会議も被団協などと実行委つくる

コープやまぐちのシンボルマークは山口県をかたどった真ん中の太陽が、六つのコロナを発している、六つは「くらし」「健康」「文化」「福祉」「環境」「平和」――組合員の願いを実現していく生協運動のテーマを表す。

なぜ平和運動に取り組むのか。1979（昭和54）年度の総代会で平和運動への取り組みを初めて決定した狙いを、山口中央生協（コープやまぐちと93年改称）の岡野敏子《おかのとしこ》組合員活動事務局長（故人）が新聞の取材に答えている。

「平和という前提があってこそ、消費者の生活が成り立つからです——多くの主婦にとって、戦争の危機といっても、抽象的すぎて実感がないのでしょう。だからこそ、生協が取り組む意味があります」

県原爆被爆者福祉会館「ゆだ苑」（現在の県原爆被爆者支援センターゆだ苑）へ店舗内の募金箱に寄せられた浄財を届けたり、原爆写真展や戦争体験の文集の出版、核兵器廃絶を求める署名活動に乗り出した。

ゆだ苑へのひざ掛けや肩掛けのプレゼントは、86年から続く組合員らの年末の心づくしとなっている。

同年、市民平和行進を企画。県原爆被害者団体協議会（県被団協）、県連合青年団、ゆだ苑などが協賛し県内での「平和行進」がスタートした。「平和行進」は日本生活協同組合連合会（日本生協連）の呼びかけにより2002年度から「ピースリレー」に名称を変更。

05年からは、会員生協が中心となり一定期間（5～8月）平和活動（ピースアクション）を展開し、多くの組合員が平和活動に参加できるように——との日本生協連の方針で、期間中の取り組みの一つとして実施している。

これを機会に県被団協、ゆだ苑、県連合青年団、県生協連とコープやまぐちの5団体で、ピ

ピースフォーラム2010には８首長らが参加。「平和」について考えた＝10年６月、山口市

ースアクション実行委員会を結成した。関係者によると、それぞれの平和活動について情報交換し、取り組みへの協賛、共催、支援、援助の関係が進んだ。

この夏のピースアクションは7月25日の「ピースウオーク」で始まった。８月２日には「やまぐちピースフォーラム」を開催。県内の首長らによる山口県版平和市長会議、朗読劇や世代間トークセッションで、平和について思いを深めた。

フォーラムは、２０２０年までに核兵器廃絶を目指す平和市長会議（7月1日現在で世界１５７カ国・地域、５６６４都市が賛同）に10年、県内全19市町が加盟したのを契機に始まった。

山口県版平和市長会議には県内の首長らのほか、初回の10年には秋葉《あきば》忠利《ただとし》広島市長（当時）、11年には田上富久《たうえとみひさ》長崎市長も参加した。

ピースフォーラムで講演する秋葉忠利広島市長＝当時、10年6月、山口市

環境問題にも早くから取り組んできた。「同生協は（昭和）50年代に公害問題や河川などの富栄養化現象が問題視されたころ、リン含有の合成洗剤の追放運動を始めた。また、省資源活動の一環としてトレイの改良や買い物袋の再利用にも取り組んできた」（90年6月4日付山口新聞）

記事によると、こうした運動を一層促進させるほか、森林保護の観点から牛乳パックのリサイクル運動を全県で展開。「できるものから手をつけることが今日的な環境問題に対する第一歩。暮らしの視点から実践していきたい」とある。

コープやまぐちは現在、電気ダイエットコンクール（家庭内で前年同月から電気代を減らす省エネ活動）、一日エコチェック大作戦（家庭から出る二酸化炭素を減らす運動）など、身近

なところから環境にやさしい暮らし方に取り組んでいる。

「ふさわしいパートナー」ゆだ苑関係者ら強い信頼

コープやまぐちは独自に平和や環境など暮らしの安心と安全を守り築く運動を行うほか、多くの団体や他の協同組合と連携し、中心となって市民運動を進めてきた。

県内の平和運動の象徴的存在で核廃絶運動の拠点というべき「山口県原爆被爆者支援センターゆだ苑」（山口市元町、岩本晋《いわもとすすむ》理事長）とは9月6日の「原爆死没者追悼・平和式典」にあわせ、山口市の中心商店街に折り鶴を飾っている。

平和を考えるきっかけにと共催。アーケード300メートルに約50万羽の折り鶴を飾る。組合員が折ったり呼びかけて集ったもの、前年の平和式典に寄せられたものを活用して市民、買い物客に平和の尊さを訴える。

ゆだ苑は、45年前の1968（昭和43）年、県内の被爆者が温泉保養や休息ができる福祉会館、被爆者支援活動と平和活動の推進拠点として山口・湯田《ゆだ》温泉地区の一画に、山口県原爆被害者福祉会館「ゆだ苑」として建設。県内被爆者の支援活動はもちろん、核兵器の廃絶に向けた平和活動にも積極的に取り組んできた。

しかし95年に老朽化のため廃館。跡地に建設された「自治労会館」1階に移った。

ゆだ苑の現在の活動は、被爆者の支援（検診活動、療養費の援助、被団協事務局事務受託）▽相談活動▽平和活動（7月25日～9月6日ではミニ原爆展、山口原爆死没者追悼平和式典を主催）などを行う。原爆関連資料の展示や貸し出し、小中学校での平和学習開催の支援もする。

こうしたゆだ苑の活動は被爆者と被爆者組織なしでは行えず、県被団協、地域の被害者の会の協力協賛を得ながら取り組んでいるという。

コープやまぐちは寄付金など財源の面で支援するほか、関係団体の一つとして役員（前理事長、専務理事など）に就任、人的な面でも応援している。

坂本由香里《さかもとゆかり》事務局長は、「（生協運動で実績のある）コープやまぐちさんは平和運動を一緒にやるパートナーとしてふさわしい」と同生協への信頼を話す。

山口新聞　2013年8月27日付

女性いきいき大賞

がんばる女性たちを応援

生活協同組合コープやまぐちは、女性いきいき大賞を設けて、暮らしやすく活力ある地域づくりにがんばっている女性たちの活動を応援している。県民の自らを高めるために学びたいという願いに応えるためには、生涯学習講座を開いて支援する。

□組合員活動の刺激にも 私らしく生きる講座も共催

生協は、よりよい暮らしと住みよい地域を願う生活者が力と知恵を持ち寄って集い、助け合う組織だという。だからコープやまぐちの基本理念は、「一人ひとりの願いを寄せ合い、私たちのまちに人間らしい豊かなくらしの創造を」となる。

暮らしやすく活力ある地域づくりに取り組む団体や人々は、暮らしのさまざまな場面にいる。

地域社会、ボランティアやNPO（民間非営利団体）活動などに取り組む人々を応援し協力・協同すること、住民参加による地域社会づくり、男女共同参画社会づくりを願って、2006（平成18）年度に設けたのが「コープやまぐち女性いきいき大賞」

立ち上げから関わる中山光江《なかやまみつえ》常任理事によると、「地域活力大賞」として検討したが、生協の活動を支える組合員は圧倒的に女性であることから、女性を中心に活動する組織を応援することが生協のイメージに合うという声があり、女性いきいき大賞となった。

本年度で8回目。女性が中心となってチャレンジする団体を表彰。最優秀賞（山口県知事賞、副賞30万円）、優秀賞、奨励賞、同学生の部、組合員賞の各賞を贈る。

対象分野は、くらしづくり＝健康、環境、省エネ、食の安全・安心など▽子育て＝子育て支援、教育、子どもの安全、食育など▽福祉＝高齢者福祉、介護福祉、障害者福祉など▽地域づくり＝まちづくり、地産地消、農業、地域伝統文化、平和など――4分野。

11年度受賞団体の声を同賞事務局がまとめた冊子から拾ってみる。

「受賞のお陰で、多くの講演の機会を頂きました――活動の場が広がりました」（山口食育クラブ＝最優秀賞）

「これを機に――高齢者が気軽に集まれる癒やしの場所を――開設。メイクだけでなく――地域の人々との交流が持てる場となるよう――運営していきます」（ビューティー・ケア山口＝優秀賞）

江里健輔山口県立大学長

受賞を機会にそれぞれの活動が幅を広げ、地域で果たす役割が大きくなったのが分かる。「受賞団体交流会」も開いている。それぞれの団体が抱える課題や悩みを解決するヒントを得る情報交換の場となっている。9月には第2回がある。

一昨年夏の交流会の感想文から紹介すると、「いろんな形で世の中の人々の幸せのため、活動なさっていること。その仲間であることはうれしい」「何をするにも行動を起こせば大変」「活動が結局は自分への喜びとなって返ってくる」——と活動が生きがいとなっている。

同賞創設により、地域での生協の活動（平和や食育など）に受賞団体が加わるようになったという。

組合員らは自由にさまざまな活動に取り組んでいる。中山常任理事は「受賞団体の活動に刺

生き方講座で講義する江里健輔山口県立大学長

激を受けて、普段の組合員活動がステップアップしてほしい。今後の生協活動にいかに生かしていくか」と、受賞団体の活動が組合員活動とクロスすることを期待する。

コープやまぐちはまた、生涯学習講座「私らしく生きる生き方講座」を開講する。県立大学（江《え》里《さと》健輔《けんすけ》学長）と2010年から共催している。

家庭や職場で、若い人からお年寄りまで輝いて生きる人が増えれば、地域社会はもっと楽しく、元気になる——という考え方で、「もっと深く、さまざまなジャンルを学びたい」という組合員のニーズに合わせ、学びの場を提供しているという。暮らし全般、子育て、介護、健康、文化、歴史など県立大の教授らが講師となって教えている。

□「受賞で絆深まる」安岡の農業女性グループ

第1回女性いきいき大賞の最優秀賞は「安岡《やすおか》ひまわりレディース」。表彰式は07年5月29日、山口市であった。

同賞の後援に山口新聞が加わっていることから、この審査と表彰式に関わる機会を筆者は持った。

晴れの席で代表の田崎育子《たざきいくこ》さん（62）＝当時56歳＝が流した涙を見て、「とても幸せな気分になった」とコラムに書いた。「『この二十年を振り返ると言い尽くせない喜びがあります』と田崎さんは、農作業で日に焼けた顔を時にゆがめ声を詰まらせながら、農家のかあちゃんたち五十人ほどの下関・安岡での活動を報告した」と続けている。

この田崎さんに今回、ひまわりレディースの本拠地「ひまわり夢ハウス」（野菜作業所）で会った。童顔が笑って迎えてくれた

安岡地区を中心に現在、80代半ばから40代まで44人で、減農薬野菜の生産から販売までを行う。コマツナ、パセリ、ネギ、モロヘイア、はなっこりー、枝豆を作る。

子どもが小学校に入学し育児が終わったとき、何をして生きたらいいかな？　と考えたという。

多くの仲間がいることを確認した女性いきいき大賞受賞団体交流会＝11年

楽しい農業ができたらいいね。自分たちで作って売りたい。子どもたちに安心安全な野菜を食べさせたいと仲間を集めた。その多くが農作業はしなくていいからと言われ農家に嫁いだ（田崎さんは婿取り）地区の若妻会「ひまわり」の20人が手を上げた。

25年ほど前だった。昼は農業の手伝い。夜に農協の営農教室で勉強した。言われるままにやるのではつまらない。農家の自立した嫁になろうとがんばった。「自分の口座が持ちたかった」。

みんなでやることにしたのは、小さいころ、母が田植えなどを近所の仲間とやる「結《ゆい》」のとき、張り切っていたから。楽しそうだったのだろう。

「生産者と消費者は車の両輪だから」と山口中央生協（コープやまぐちと93年改称）関係者に薦められ、92年の新下関店開店から朝市で売る

女性いきいき大賞受賞団体集合写真＝13年

ようになった。「相対で売るよろこびを知った。やりがいがあった」。２００３年からは同店の産直野菜コーナーに出荷する。

いきいき大賞受賞で仲間の「絆が深まった」。いい加減なことはできない。44人が思いを共有できたという。

コープやまぐちとは現在、受賞前には1品だった共同購入商品にコマツナ、パセリ、モロヘイア、枝豆の4品を提供。今年5月には産直協定を締結。産直パートナーとなり、栽培履歴の記録など責任はより重くなった。

グループの今後の課題は「組織改革。高齢化しているので人材確保」。代表としては「ひまわりの気持ち（情熱）をみんなにバトンが渡せるか……みんなの課題でもある」という。

山口新聞　2013年9月3日付

伝統食の継承運動

伝統食を次世代へ伝える

戦後に進んだ洋食化で、日本人の食生活は大きく変わったといわれる。生活協同組合コープやまぐちは、ふるさとやまぐちの農水産物を生かした地域の伝統料理を次世代に伝えるため、「風土に合った食文化の継承運動」に取り組んでいる。

□食は地域の生活、文化　郷土食出版、食育の視点で

県内各地で食べられてきた料理を1970年代から古老らに取材した郷土料理研究家、貞永《さだなが》美紗子《みさこ》さん（80）＝防府《ほうふ》市在住＝が、コープやまぐちの食を考える情報誌『はぐくみ』（2011年冬号）で話している。

「いろいろなお話を聞き、見て味わって、郷土料理と、そのまわりにある人や風土との関わり

に興味を持ちました。料理から人々の思いや働く姿まで見えました。料理をとりまく物語があり、私たちに何をもたらしてきたのか。そこを聞き出すのが楽しかった」

伝統食こそは、そこに暮らす人々の生活そのもの、地域の文化であることを知ったというのだ。「料理は私たちの暮らしを支え、そして思い出も育んできたんだなあと感じますね」「料理はからだの健康だけではなく心も育むもの」とも話す。

コープやまぐちは、創立50周年を記念して山口県内に伝わる食の継承運動に取り組み、「『伝え合う　おいしい　やまぐち』現代に生かす伝統食」の出版を準備している。

担当の中村光江常任理事によると、記念事業を考える中で、「食文化の継承がなされていないのではないか？　現代に生かす伝統食が作れれば……」と編集出版を決定。「食べることは生きる力をつけること。生まれてから死ぬまで必要なのだから、食べることの楽しさを子どもたちに伝えていきたい」と、食育の視点を切り口に郷土食を見直したという。

食育に対するコープやまぐちのこの考え方は、貞永さんが郷土料理に見出したものと同じもの。周防長門《すおうながと》という風土の中で収穫した農水産物を、先人たちが食べてきたように、いまに生きる人々が調理して食べ、次世代へと命をつなぐ郷土食こそは、まさに地域の文化なのだ。

県生活改善実行グループ連絡協議会の協力で、組合員が伝統食のいろいろを会員らに聞き取りした。聞き取りの中で気付き、次世代に伝えたいと思ったことがある。

「伝統料理、郷土料理は、地域の農産品を大切にする思いから発し、おもてなし料理として冠

岩国ずしを岩国生活改善実行グループから学ぶ組合員ら＝13年1月

婚葬祭や祭りのときにふるまわれることが多かった。また行事食に限らず、四季折々の食材を活用した家庭料理としても作られ続け、暮らしの中で親から子に伝えられていった」

「(編集では)レシピだけを伝えるのではなく、背景やいわれなども一緒に、また命あるものをいただくので、すべてを使いきる工夫も合わせて伝えていきたい」

生活改善実行グループの会員からは「伝統食を伝えていく後継者をつくらなくてはとの思いで活動しているが、広がらない」と悩みも聞いた。

有吉政博会長が「発刊にあたって」で書いている。生活様式の変化した今日、「良きもの」の継承は困難になってきた。

だからこそ、より良いくらしと住み良い地域を目指して活動するコープやまぐちが、風土に合った食文化の継承に取り組むのは、意義あることだ。

中部、下関《しものせき》、萩《はぎ》、徳山《とくやま》、岩国《いわくに》、宇部《うべ》、周東《しゅうとう》の7地域に分け、県全域に伝わる伝統食（いとこ煮、けんちょう、ちしゃなます、茶がゆなど）6品、地域に伝わる伝統食（ニナめし＝下関、お嫁さん団子汁＝田布施《たぶせ》など）20品を紹介する。

A5判92ページ、オールカラー、300円（税込み）、問い合わせは、コープやまぐち組合員活動部（TEL 0120-27-5520）へ。

□郷土料理のエピソード　私の思い出の食事、祖母や母の味

「『伝え合う　おいしい　やまぐち』現代に生かす伝統食」では、「ふるさとの味を守り、そこに込められた想いを伝えたい」と、やまぐちの伝統食にまつわるエピソードを募集した。了解を得て、いくつかを紹介する（一部大意）。

今も食べたい
光市《ひかり》、藤井静子（83）
寒い冬の夕食には、母の作ってくれた鯨料理を思い出します。私の子どものころは、鯨が買

けんちょう＝周防大島町

いやすかったのです。萩出身の祖母と下関出身の母は、10人家族の台所で季節季節のものを楽しく作って、今も思い出に残っています。

その一つが大根1本を2センチくらいのサイコロに切り、こんにゃく、鯨の身も同じように大鍋で炊き、軟らかくなったら、砂糖、みそで味付けし、湯気の出る熱々をお皿に盛り分けてくれました。

ラジオを聞きながらの一家団らんの夕食は、今振り返ってみても心が和みます。

けんちょう

岩国市、堀江淳子（74）

私が岩国市横山《よこやま》地区から錦町《にしきまち》に嫁に来て50年になります。

家にはしゅうとしゅうとめと主人の弟がいました。台所は土間でげたを履いて炊事をしていました。ガスはプロパンガスがありましたが、一口の簡単なものでした。それまでご飯はかまどで炊いていましたが、私が嫁に行ってからは電気釜で炊くようになりました。

しゅうとめに初めて習った料理が「けんちょう」でした。大根を短冊に切って、ニンジンとサラダ油で炒めます。小さい火でことことと煮ると、野菜から水が出るので、水は一切使わず、野菜の味がしっかり出ます。ねぎと豆腐を崩して入れてしょう油で味をつけて仕上げていました。何回も火を入れるとどんどん良い味になりました。

けんちょうという名前が面白くて、けんちん汁でもないし……。実家で話しても良くわかってもらえず作ってみるのですが、なぜか実家ではおいしくできません。やはり寒い時期にふうふう言いながら食べるからおいしいのかと思いました。

今は一人暮らしで時々作りますが、量が少ないからか、前のようにおいしいと感じなくなりました。

いとこ煮
宇部市、木村里美
私の両親の実家（旧山陽《さんよう》町と小野田《おのだ》市）で、親戚が集まると「いとこ煮」が出ていました。汁のないぜんざいで、ねっとりとしていました。かまぼこの入った「汁のいとこ煮」もあるとか……、何味なのかな？

茶がゆ＝柳井《やない》市

茶がゆ

大島《おおしま》郡、魚原季代加（38）

私は周防《すおう》大島《おおしま》町に17年前にお嫁に来ました。初めて茶がゆと出合った時、本当にびっくり！　おかゆしか知らない私に、みんなが食べろ食べろとすすめるのです。真っ黒の茶がゆでしたが、食べてみるととてもおいしくてあっさりとして。それ以来毎日茶がゆを炊いています。

仕事の合間やお昼、子どものおやつにしたり、ちょっと隣近所が集まっての話し合いや世間話のときも、「ちょっとお茶がわりの茶がゆにしようか」と言って話に一息入れるなど、しょっちゅう作っています。茶がゆにも、いもじゃ（サツマイモ入り）、豆じゃ（そら豆入り）、だんごじゃ（小麦粉入り）など、いろいろな種類があるのですよ。

山口新聞　2013年9月10日付

今後の事業展開

助け合っていい暮らし

生活協同組合コープやまぐちは、県民の暮らしになくてはならない生協を目指し、事業の見直しに取り組む。次の半世紀へ、「安心が広がる居場所づくり」を進め、「助け合って暮らしをいいものにしたい」という組合員の思いを実現する。

□役立つ商品に値打ち　生鮮品ある超小型店も

生協は、組合員である消費者が暮らしの中で持つ「願い」をかなえるために、出資金を出し合って運営する組織。願いを集約して事業や活動を行い、これまでなかったような商品を誕生させたり、社会の新しい仕組みをつくったりするのに力があると社会的評価を得る。

50周年を迎えたコープやまぐちの事業は、今後どのように展開されるのか。今後の事業の方向について岡崎悟理《おかざきさとる》事長は言う。

「安心が広がる居場所づくり。助け合って暮らしをいいものにしたいという組合員の思いを実現したい。居心地の良いと思える居場所を提供できる事業にしたい」

宅配だったら「組合員が暮らしの中で必要としていることをくみ取り寄り添って、ホスピタリティー的な支援ができる組織・事業でありたい」

店舗なら「安心して買い物ができ、やさしい、おいしい、楽しいと感じていただけるお店にしたい」

主な事業別に具体的なイメージは、

店舗事業　普段の暮らしに必要なものはすべてそろうようにしたい。安全に問題がなければナショナルブランド（ＮＢ）であれ、コープ商品であれ、選択して買ってもらえるように品ぞろえする。

地域の拠点都市には大型店を置く。他の業態と協力してのショッピングセンター型での出店も検討する。

大型店の展開が難しい地区にはスーパーマーケット。それができない所には超小型店。コンビニ機能に生鮮3品（野菜、肉、魚）をそろえたものを考える。

宅配事業　商品は店舗事業と同じように考えてやっていくが、毎日の生活に必ず必要になる商品で、コーププランドが押し出せる産直やコープ商品を中心にＮＢ商品を加えた品ぞろえになる。

県内全域にライフラインとして暮らしを支えられる事業としたい。商品を届けるだけではなく、高齢者を見守る生活支援を業務にプラスしていきたい。こうした活動は市町との連携も模索したい。

移動店舗 長門《ながと》と下関《しものせき》市北部、美弥《みね》市、山陽小野田《さんようおのだ》市でやっているが、山口市北部、周南《しゅうなん》市の一部、岩国《いわくに》市北部でも展開予定で、2台増車して4台にする。

買い物弱者が増えている地域でも、毎日の暮らしに必要な生鮮品も冷蔵品を、自分の目で見て買いたいという人が利用でき、ちょっとしたおしゃべりの場を提供することで、いこいの場にしてもらえればと思う。そろえきれない商品は、予約してもらい届ける御用聞きスタイルをとりたい。

夕食宅配 自分では調理が難しい組合員が対象。月曜から金曜の5日間、弁当とおかずを届ける。土日も含めて毎日届けられるよう検討中。

3年ほど前から利用する山口市の原田貞子《はらださだこ》さん(85)は「毎日違うおかずで楽しみ。量もちょうどよく、塩分も少ない。味、健康面とも百点。午前中に届けてくれるので昼食に利用する」と満足の笑顔。

今後後期高齢者が増えると、普段の食生活ができなくなる生活困難者をサポートする意味でも大切な事業になる。

「生協は、組合員が暮らしに必要なものを買うためにつくった組織。役職員と組合員が同じ方向に向かって力を合わせていく。商品は役に立ったと感じてもらって初めて値打ちが生まれる。どのように使われたか情報をつかんで改善し続ける生協でありたい」と岡崎理事長。

コープやまぐちは、いつでもどこでも組合員と一緒。その事業や商品の価値を決めるのは組合員・消費者だというのだ。

❏「待っていてくれる」大雪や大雨でも開店

長門市通《かよい》地区、童謡詩人金子《かねこ》みすゞの生家のある仙崎《せんざき》地区から橋でつながる青海島《おうみしま》にある。捕鯨漁で捕ったクジラを供養する鯨墓《くじらばか》が残るなど古くから漁業で栄えたところ。橋を渡り峠を二つほど越え、10分ほど車を走らせると漁港があって通地区。

取材した8月下旬の土曜日はあいにくの雨。時折、激しく降る。「コープの移動店舗おひさま号」の店開きは、本当にできるの？　と心配したくらいの悪天候。

予定の午前11時をわずかにまわったが、配達担当の石田英次《いしだえいじ》さん（42）運転で、テーマミュージックを鳴らしながらやってきた。手伝いをするコープやまぐち組合員で元北部地区理事の上領浩子《かみりょうひろこ》さん（54）は「雨でも大雪でも必ず来る」

宅配はもちろん、配達員とのおしゃべりも楽しみという利用者の原田貞子さん

そばの家の門口に立っていたおばあちゃんも、待っていたと分かる。小雨になったものの雨が心配……。それでも、一人二人とお年寄りがやってきて、野菜やくだもの類を物色、コープの買い物かごを手にすると、後部の階段を昇って「入口」から店内（車内）へ。レジは運転席の後ろ。支払いを済ませると、「出口」の階段を降りてくる。上領さんは声をかけたり、かごを持ってやったり、とても忙しい。

30分の店開きに10人ほどがやってきた。本降りになった。店じまいし、３００～４００メートルほど離れた次の場所（３年前まであったスーパーの跡地）へ、さあ、というとき、おじいちゃんが、パックの麦茶を買ってしまったとペットボトルと取り替えにきた。石田さんは笑顔で応対した。

次は、雨なので屋根のある魚市場で店開き。

コープやまぐちの「移動店舗おひさま号」

ここで1時間。途中から豪雨になる。

上領さんによると、地区には800世帯ほどあったが、いまは600世帯で空き家が多い。中学校は仙崎中と統合し、小学生は30人弱と、急激に子どもが減った。若い世代は市内に出て家を建てたり、漁が振るわないので漁師の後継者はいないのだという。

で、スーパーが撤退。地区には、ちょっとしたものを売る店があるだけ。相談があり、共同購入を検討した。しかし、カタログの字が小さいなど高齢者には難しかった。「買い物弱者への生活支援はできないか?」という組合員の声を受け、2年前の5月、全国的にも珍しい移動店舗が来るようになった。

上領さんを以前から知る女性が言う。「体の調子が悪かったとき、お世話になったからね。恩返し。大変助かっている」

ずらっと並んだ商品は1100点。線香、祝儀・不祝儀袋までそろっている

時間がきて、次の埋め立て地へ。後で寄ると、大雨の吹きさらしの中で、石田さんが開店作業を終えたところ。客はまだいない。

市場で店じまいしながら石田さんは「待ってくれているから来なくてはいけないと思う。これやったら、あの人が買《こ》うてくれるかな？ と思いながら（商品を）選んでいる。喜んでもらえたときはうれしい」と顔の見えるお付き合いの責任と喜びを話した。

福祉生活協同組合　さんコープ

高齢者福祉にも意欲的

生活協同組合コープやまぐちは、高齢者福祉にも意欲的に取り組む。関連の「福祉生活協同組合さんコープ」は介護保険関係の事業を行うほか、助け合い型の独自サービスも行い、地域で安心して暮らす手伝いをする。コープやまぐちも近く、助け合い型のサービスを提供の予定。

□住み慣れた家、地域で介護サービスで信頼得る

コープやまぐちは創立から今年で半世紀。当時30歳の組合員なら80歳、山口中央生協から改称した1993（平成5）年に45歳で同い年の組合員夫婦なら65歳となり、高齢者の仲間入りをする。

全国に先駆けて山口県は高齢化が進む。加えて少子化、核家族化、女性の就業など時代が求める社会環境の変化は県内でも例外ではない。90年代、老後の生活のあり方について生協に期待、要望する組合員の声が大きくなった。

コープやまぐちは95年、組合員の期待に応えるため委員会を設けて検討。「住み慣れた我が家で、地域で安心して心豊かに暮らしたい」とする高齢者福祉に対する理念・思いともいうべきものをまとめた。

97年に任意組織として「高齢者協同組合さんコープ」を設立。99年には介護保険事業に参入を目指して「福祉生活協同組合さんコープ」と改称、全国的にも珍しい生協法人の認可を受けた。

2000（平成12）年春から、それまで行っていた生協ならではの助け合い型独自サービス（家事サービス事業、軽作業、せん定）に、介護保険による居宅介護支援事業、訪問介護事業などを加えて、法人としての事業をスタートさせた。同年度の事業収入3443万円。

さんコープは昨年度、委託介護保険事業、訪問介護サービス事業、通所介護（デイサービス）事業・予防介護事業、介護保険事業の関連事業、有料老人ホーム事業、助け合い型独自サービス、受託事業（清掃など）を行い、事業収入2億3844万円、組合員3083人となった。

本部を山口市桜島に置き、同市内に二つのデイサービス施設（さんコープ河村邸、さんコープ菜の花）を開設。宇部市のCOCOLAND山口・宇部に併設する事業所では有料老人ホー

ム も運営。防府市では訪問介護事業を行ってきたが、JR防府駅天神口に元料亭を改装した施設で、デイサービス事業をオープンさせる予定。

このように施設型事業も一部運営するが、森本節子理事長（64）は、さんコープは「本人が在宅で過ごせるようにとサービスを増やしてきた」と話す。「困った時のさんコープ」を合言葉に、利用者の要望に沿って満足してもらえるようにやってきた。事業資金がなくても思いがあればサービスできる訪問介護を中心にやってきたという。

思い・理念があることで、「さんコープの介護を中心とする福祉サービスは、地域で認められ信頼を得てきた実感がある」と森本理事長。

そのために力を入れてきたのが職員教育。「（一段上の）資格取得を目的に働いてもらっている。気持ち（誇り）がないと働けない。徹底的にやっている。お陰で信頼を得ている」

ただ、組合員・利用者から、在宅では難しいという声が出てきた。

「最後まで住めるような施設が必要だと考えている。困っているところはお互いに助け合って、最期までみとれるような施設をつくりたい」。18年度までの計画で青写真を描いている。

コープやまぐちは現在、誰もが安心して暮らせる地域づくりを目指して「おたがいさま活動」を準備する。

必要な人と応援者をつなぐ、有償たすけあいシステムで、家事（食事作り・洗濯・産前産後の手伝い・買い物など）、子育て（乳幼児、子どもの世話・塾の送迎・家庭学習補助など）の

まちなかデイサービス河村邸の機能訓練室で、紙芝居を楽しむ利用者ら

応援、高齢者の話し相手と、その他いろいろ（庭の手入れやペットの世話、着付けなど）を仲介する。組合員が対象で、近く事業スタートの予定。

□生きるための安心の時間 まちなかでデイサービス

山口市本町2丁目の「まちなかデイサービスさんコープ河村邸」。道場門前《どうじょうもんぜん》商店街を湯田《ゆだ》温泉方向に歩いて、商店街が尽きた所からすぐそこにある。

「離れたところに行くのではなく、日常生活の中でデイサービスをしたかった」という森本理事長の言葉通りの場所に、広い日本庭園と縁側がゆったりと配された、かなり大きな古民家。

みんなで集う機能訓練室（居間）、食堂、静

地域の学生との交流。折り紙を楽しむ

養室、風呂、キッチンや事務所、地域交流室がある。定員15人の利用者がおしゃべりしてくつろぎ、ゲームをしたり、絵を描いたり工作をするのに十分な広さの機能訓練室。「懐かしい温もりがあふれている」

管理者・生活相談員の伊藤純子さん（41）によると、現在、介護認定を受けた人で手足に軽い障害のある人、車いすの人、一人暮らしの人や家族が働きに出ている人ら利用者を、看護師を含む職員が世話する。営業は月曜日～土曜日。サービス提供時間は午前9時半～午後4時半。

午前は、お茶と体調チェック、自己紹介（毎朝）、体操、脳トレ（足し算引き算や漢字の読み書き）と進む。個別メニュー（きり絵や塗り絵）をする人も。

昼食後は、昼寝をする人、おしゃべりしたりテレビを観たりと、リラックスタイム。午後2

昼食の材料は「安心して使える」コープ商品が中心。盛り付けにも配慮がある。

時から趣味活動。作品を作ったり園芸をしたり、グループでトランプや百人一首をして楽しむ。

ただ、日課はその日、ケースバイケースで変わる。利用者の体調、希望、雰囲気によっても異なるという。

07年のオープン時、みんなが同じことをするのが主流だったが、「やりたくない人はやらない。自分のしたいことをする。一人一人を主体にしたデイサービス」（森本理事長）を始めた。

伊藤さんは、利用者の要望によって動くようにしているという。人と人の仕事。合う合わないがあるので席にも注意する。介護・生活相談員の神野由美子さん（50）は「趣味の時間は生きるための安心の時間」と話した。

取材した日の昼食のメニューは、ゆかりご飯、エビとタマネギ、ニンジン、三つ葉のかき揚げ、カボチャの煮物、キャベツとニンジンのごま和え、絹ごし豆腐とワカメ、三つ葉の吸い物。筆者も一緒に食べた。やはり薄味。でも材料の味がしっかりとして、おいしい。

調理したのは岡崎幸子さん（51）。「みなさんよく食べてくれるのでうれしい」と話す。食堂を出るとき、利用者と目が合った。おいしいですねと話し掛けると、返ってきた笑顔がまるで少女のよう。しあわせな気持ちになった。

「新聞記者の見たコープやまぐち50年」は、2013年6月18日から9月17日まで毎週1回、「コープやまぐち50周年特集」のシリーズタイトルで『山口新聞』に連載されたものです。

座談会

生協の今後
果たすべき役割
未来の運動・事業を語る

新しい時代に協同組合精神をいかに展開するか

参加者（発言順・敬称略）

司会進行　小川全夫《おがわたけお》　山口大学名誉教授

岡崎《おかざき》　悟《さとる》　コープやまぐち理事長

樋口紀子《ひぐちのりこ》　梅光《ばいこう》学院大学学長

福浪《ふくなみ》美紀《みき》　コープやまぐち組合員理事

左から福浪美紀氏、岡崎悟氏、小川全夫氏、樋口紀子氏。

□未来が描けない社会に突入していく中で生協はどう活動していけばいいのか

小川全夫氏（以下、苗字のみ敬称略）　コープやまぐちは今年創立50周年を迎えました。大切なのはこれから先です。私が見る限り、日本はこのままの流れでいくと、未来が描けない社会に突入していくと思います。そうならないために、そして、山口県民がこれから先も安心して暮らしていくために、生協はどう活動していけばいいのでしょうか。現在、自分たちの身の周りで起こっている問題や、そこから将来的にどんなことが起こるかという想定も踏まえ、話し合いの中で探っていきたいと思います。

　まずは岡崎さんから、生協の事業や運動を今後どういう形で展開していくのか。長期的な夢や、それを実現するために、どういう課題に取り組みたいかというお覚悟をお話しいただきたいと思います。

小川全夫氏

岡崎悟氏（以下、苗字のみ敬称略）　私どもでは、2006年から「Design 2010」という5年の中期計画を立て、11年からは、15年に向

岡崎悟氏

けて「DESIGN 2015」の中期計画を立てて、活動を進めております。この間、生協が地域に果たす役割について議論してきました。

今の山口県の状況ですが、産業的に相当疲弊しています。また、若い人が他県に流出し、高齢者は猛烈なスピードで増加しています。今、全国の高齢化率の平均は23％ほどですが、山口県は既に30％です。さらに人口減少と高齢化の影響でスーパーが撤退し、買い物弱者と呼ばれる人たちが増えています。そんな中で、生協としてどのような支援をしていけばいいのか。

議論の中で、生協は一人ひとりの組合員に必要な商品やサービスを、それぞれのニーズに本当に合う形で提供しよう、それこそが協同組合の価値ではないか、という話になりました。そのためにも、県内どこに住んでいても加入し、利用できる生協でなければならないということで、宅配、店舗に加えて、新たに利用を広げる取り組みを進めてきました。07年には全国の生協に先駆けて夕食宅配を開始し、一昨年は移動店舗もスタートしています。

今後は、もう少し深いリサーチを行い、組合員さんや行政と一緒に高齢者の見守り活動などができないかと考えています。また、子育て層や高齢者のくらしの相談に詳しい配達担当を育てて、配達先で相談に乗ってあげられるような宅配ができないか。店舗にも相談窓口を設けるなど、組合員さんの相談に乗ってあげられる事業ができないかと考えています。

子どもたちの食育や命を考える農業で生協が地域コンシェルジュの役割を担う

小川　農村地域の限界集落では、生活の最低限のセーフティーネットさえかなり厳しい状態です。今のお話で、生協がよろず相談窓口となり、地域コンシェルジュという形で、地域の人と新しい起業を考えたり、行政とをつないでいく可能性が出てきましたね。そのあたりも、後でまた議論できればと思います。

樋口先生は、これまで7回行われた「コープやまぐち女性いきいき大賞」＊1の審査員をされています。

樋口紀子氏

樋口紀子氏（以下、苗字のみ敬称略）　第1回に最優秀賞を受賞した「安岡《やすおか》ひまわりレディース」＊2は、地域の伝統野菜を低農薬で作っています。コープやまぐちはそこで作られた野菜を店で販売し、

福浪美紀氏

生産者の紹介もしています。これに加えて、できれば作物を扱うだけでなく、受賞団体の生産の場で子どもたちに野菜作り体験をさせるなど、食育につなぐ取り組みもしていただけないでしょうか。せっかく賞を通じて生産者団体とつながりができたので、それを教育現場まで広げてほしいのです。これも地域コンシェルジュの役割だと思います。

福浪美紀氏（以下、苗字のみ敬称略）　食育については、日本生活協同組合連合会（日本生協連）でプログラムを組んでいる「たべる＊たいせつキッズクラブ」運動を、コープやまぐちでも採用して活動しています。一年を通して家庭で子どもたちが、食に関することを勉強したり体験してレポートを提出していただいたら、こちらのサポーターがお返事を書くというものです。他にも米作り体験ができる産地交流会をしたり、店でお買い物からお料理までを一貫して体験させたりという活動もしています。

この取り組みには、山口県立大学の学生さんにもご協力いただいています。キャラクターの着ぐるみで子どもたちの相手をして、どの子も最後までやり遂げられるよう、応援してもらっています。学生さんたちは子どもたちへの対応がとても上手で、本当に助かっています。

岡崎　安岡ひまわりレディースは、私も訪問しました。生産者団体としてどんな社会貢献ができるかということで、地域の子どもたちを集めて命について考える紙芝居をするなど、精力的に活動されていました。コープやまぐちでは農業や食を考える場づくりとして、3年前に「ココ・ファーム」*3を始めましたが、正直うまくいっていません。命を考える農業は生協としてもぜひ考えていかなければいけない課題ですので、ココ・ファームでも安岡ひまわりレディースのような取り組みができるようになればと思っています。

小川　フランスでも教育農場という国家プログラムがあり、子どもたちに食文化を伝えようとしています。生協の周りには理解のある生産者団体がたくさんあり、生協独自のファームも作っているのですから、そこを交流の場、子どもたちに食文化を伝える場にと考えていくのもいいのではないでしょうか。

❏ボランティア団体の人たちとも協力して生協が高齢社会や障がい者の受け皿になる

樋口　女性いきいき大賞では、「高齢化社会をよくする下関《しものせき》女性の会・ホーモイ」や、「周南《しゅうなん》・認知症を支える会」といった高齢者問題に取り組む団体が多く受賞しています。やはり、高齢者問題は大きな問題で、私の母も認知症なので、デイケアやホームヘルパーなど地域の方たちのお世話になっています。しかし、お弁当の宅配を業者にお願いしようとすると、週5日・毎

日お願いしなければならないので、利用しにくいです。生協の夕食宅配は、週に何日だけといったフレキシブルな対応をしていただけるのでしょうか。

岡崎　生協の夕食宅配も基本的に、月~金をセットでご注文いただく方式です。しかし、例えば月・水・金を希望の方と、火・木を希望の方があれば、自主裁量で組み合わせて、週5日ということでお受けするようにしています。ご要望にはできるだけお応えしたいところですが、全てフレキシブルにすると採算が合わなくなるので難しいですね。事業として成り立たないと、最終的に組合員ニーズにお応えできなくなりますので。

小川　私も周防大島《すおう》で高齢者向けの給食事業推進に協力したことがありますが、一番困ったのは、やはり注文数が毎日変動することでした。高齢者向けの食事ということなら、アメリカのような会食型もありますね。地域の高齢者を1カ所に招いて、食事と交流の場にする方法です。やり方はいろいろありますが、今後はそれぞれの地域の高齢者の実態に合わせたプログラムを考えていく必要があると思います。

樋口　それならば、会食を「COCOLAND山口・宇部《うべ》」*4でやってみたらいかがですか。COCOLANDはランチバイキングが好評ですよね。「この曜日は高齢者向けの健康食です」と高齢者にご案内して、そこで認知症予防のための体操教室や健康に関する講演会を開いて、半日過ごしていただくということもできるでしょう。体操教室や講演会などを全部生協が引き受けると大変になると思いますが、女性いきいき大賞で知り合ったボランティア団体がいくつもあります。その方々と、共同して行えば、新しい試みの第一歩になるのでは、と思います。

それからもう一つ、生協にも考えていただきたいことがあります。今、大学で一番問題になっているのは、発達障がいの人たちの学校を卒業した後の対応です。学生時代までは教職員やカウンセラーなど専門家が関わるのでなんとか支援や居場所づくりなどができますが、卒業後はどうするかが課題です。生協がそういう人たちの受け入れ先、就職先になっていただけると、とてもありがたいと思っています。

岡崎　障がい者への対応ということでは、コープやまぐちは、商品のピッキングセンターで障がい者を多く雇用しています。全国的には、「ハートコープ」という障がい者雇用を進める特例子会社をつくる活動が広がっており、先日稼働したコープCSネット*5のリサイクルセンターでも、積極的に障がい者を雇用しています。「ハートコープやまぐち」も早くつくれないのかと言われているのですが、正直進んでいません。組合員活動のところでは、障がい児対応まではできていませんが、一般の子育て支援ということでは、「子育てひろば」活動に取り組んでいます。

□子育てひろばや高齢者、障がい者など居場所探しが共通する課題

福浪　子育てひろばは現在、県内6地域で開設しています。開催日と時間は決まっていますが、基本的に好きな時間に子連れでふらっと来てもらって、親子で自由に過ごしていただいています。利用者の中には常連になっている方もいます。時には手遊びや紙芝居をやることもありますし、保育士の資格を持っているスタッフもいるので、子育て相談もできます。特に、他県から転勤で来られた方は、子育て相談などができる場所がどこにあるか分からなくてお困りの方が多いのですが、コープを利用すればそういう情報があるので、「じゃあ行ってみようか」と思われるようです。子育てひろばは未加入者も利用できるので、そこからコープに興味を持って加入されることもあります。

小川　子育てひろばは〝転勤族〟にとって、新たな地域社会とのつながりの入り口になりますね。今の日本社会は、居場所探しが各年代で共通する課題です。高齢者対象の居場所づくりと

いうことなら、「ふれあい・いきいきサロン」*6が人気です。高齢者が行ける場所があることで〝引きこもり〟にならないし、他の人と話もできるので。

樋口　アメリカでは教会が中心になって、高齢者の居場所づくりをしています。ランチを提供して高齢者に集まっていただくというもので、毎日のように開催しています。

小川　こういった居場所づくり活動が、障がい者に対しても広がっていくといいですね。

地域の住民自身で問題を解決するということなら、韓国のソンミサン・マウル*7（マウルは村の意）の活動が興味深いと思います。ここでは、自分たちの問題を協同組合方式で解決していこうという考え方で、自分たちで多額の出資をして、保育園、小学校、中学校、高校、障がい児を受け入れるフリースクールまでつくり、成功させました。さらにそれらの学校で必要なものを作る工場を作り、障がい者や高齢者を雇用しています。

　日本でも沖縄や広島などでは、住民自らが出資して店やガソリンスタンド、キャッシュディスペンサーといった、くらしに欠かせない事業を運営しているところが既に出てきています。高齢者も「自分たちの地域に何もなくなった」と嘆くだけでなく、くらしや地域の安心安全のために貯蓄の一部を出資すれば、買い物弱者の問題などは解決すると思うのですが。日本の生協は出資金が安すぎるのではないでしょうか。出資のあり方を見直して、資金を上手に回せるような動きができないでしょうか。

岡崎　協同組合は、事業を通して組合員のニーズや要望を実現する組織です。自分たちの願いをかなえようと考えたとき、必要なのはやはり資金です。コープやまぐちの、現在の出資金は2013年6月末現在、組合員一人平均39593円で、総額約72億円です。それを元手にさまざまな取り組みを進めていますが、資金だけでは協同組合は成り立ちません。互いの資金、時間、知恵、能力を寄せ合って、組合員という仲間が自分たちの地域で自分たちにできる貢献をしていく。それができるようになれば、いい方向に行くのでは、という気がしています。

❏誰もが利用しやすい事業を県内全域に展開して誰もが加入できる生協にしなければ

樋口　新しい事業を展開するときに資金は必要ですよね。その点で言うと、東日本大震災のとき、大きな被害を受けた東北の企業が、インターネットを通じて出資金を募るという方法を採っていました。一般の方にネットで「こういう事業をやりたい」と知らせて、出資をお願いするのです。無事に事業が再開できたら、商品を出資者に配ったりして還元しています。この方法で救われた企業が結構あります。コープやまぐちでも同じように、HPなどで出資を募れば、新しい事業展開ができるのではないでしょうか。

岡崎　それはすごくいい考えですね。われわれが目指すところの一つではないかと思います。そのためにも、山口県内に住む人誰もが加入できる生協にしなければいけません。私どもは県内を7地域に分けて活動していますが、岩国《いわくに》など東側の地域は宅配事業のみで店舗がありません。7地域それぞれに活動の拠点となる店舗を作りたいというのが今の思いです。

そこで考えているのが、コンビニ業態の機能を併せ持った超ミニ店舗です。超ミニ店舗は、事業としては大きな利益にはならないかもしれませんが、事業継続できる黒字が確保できればいいと思っています。小さくても楽しく買い物ができ、地域のみんなが寄り合い交流もできる、コミュニティーの居場所になる店をつくることが狙いです。そして、宅配、店舗、夕食宅配、移動店舗など、誰もが利用できるようにさまざまな事業を県内全域に展開することで、「県民の過半が加入する生協」も可能になるのでは、という夢を持っています。

また、生協にはいろんな活動をしている人やグループが集まっているので、そのネットワークをつなぐ活動もしていきたいですね。例えば、認知症ケアをする組合員のグループが集まって、ＮＰＯなどと一緒に地域社会づくりに参加できるようなつながりができないか。生協の事業、組合員活動をベースに、他の団体とのつながりを持って、社会貢献をしていきたいと考えています。

□地域の中で生協が参加する社会づくりに学生を巻き込んだボランティアを取り入れる

小川　先ほど、資金だけでなく互いの時間を寄せ合うという話がありました。ボランティアを何らかの形で取り入れることができれば、新たな動きになるのではないでしょうか。

樋口　ボランティアに、学生を入れていけばいいのではないでしょうか。最近、大学では一方的に講義を受けるだけでなく、ＰＢＬ（Project-Based Learning）*8といって、「課題に対してグループで解決していく」授業を組み入れることが多くなっています。先ほど山口県立大学の学生に食育活動を手伝ってもらっていると聞きましたので、もっと県内の学生たちを巻き込みながら生協の活動を進めていくのはどうでしょう。

先生たちも一緒になって授業の時間にボランティア活動をするということにすれば、学生たちにとっても「社会人基礎力」を養う場になります。

小川　生協では、インターンシップを引き受けていますか？

岡崎　ご要望があればやっています。これまでは職場体験でしたが、今回は県立大から「移動店舗や夕食宅配など、地域の中で生協が社会づくりに参加している事業について、利用する側を含めて体験して学びたい」という問い合わせがありました。もちろん二つ返事でＯＫしまして、インターンシップも少しずつ変わっていくのかなと実感しました。

小川　県立大では、大学全体で地域貢献を方向づけするようになっていますからね。

また、今後は地域の人をどれだけ社会に引き出せるかが重要になってきます。というのも、保健・福祉の分野では、今後、厚生労働省と国土交通省が推奨している「地域包括ケアシステム」が政策として展開していくからです。これは高齢社会で、今のようなサービスを提供し続けるのはコスト的に難しいということで考えられたシステムで、地域の中で、住まいを拠点に医療、介護、介護予防、生活支援の要素を揃えていこうというものです。特に生活支援の部分は事業にならないので、地域の人たちの協力が必要になります。協同組合の精神で、生協などが中心になって支援体制を組まないと、このシステムは完成できません。

生協でこういう話題は出てきていますか？

岡崎　福祉ということではないのですが、今、他生協では組合員活動で「おたがいさま活動」*9が広がっています。

福浪　地域で「ちょっと手助けしてほしい人」と、「手助けができる人」を結び付けて、お互いに助け合う組織を自主自立的につくっていこうという活動です。例えば、「一人暮らしで草ひきができない」とか、「ちょっと誰かに見てもらえば買い物に行ける」とか、「家から出られないから話し相手になってほしい」とか。そういうニーズと、「それならお手伝いできますよ」という人を、コーディネーターとなって結び付けるのです。完全なボランティアではなく、一時間800円の有償ボランティアになるのですが、そのうち200円は会の運営のために使うということにします。

この秋から、コープやまぐちも下関で「おたがいさま下関」として実験を進めようとしています。基本的にはこの活動に賛同する組合員がコーディネーターとなって活動し、出資も募っていこうとしています。

岡崎　生協がお金を出すのではなく、サービスを利用する地域の人たちにお金を持ち寄っていただこうと。最初はどうしても資金が必要ですので、そこは生協が援助してスタートさせようということです。こうした活動を通じて、地域の人が時間を有償ボランティアとして提供することで人とのつながりが濃くなり、コミュニティーの再生にもつながればいいなと思っています。最近は団地でもコミュニティーがなくなってきていますから。

私が住んでいる地域でも、全く店がなくなったエリアに買い物と交流ができる場を提供しようと、ほとんど無償で頑張っている方がいます。役に立ちたい、喜んでもらえればうれしいという思いでやっていらっしゃる。誰かの役に立ちたいという人は多くなっていますし、そういう思いがサービスを欲している人とうまく結びつけば、より良い関係がつくれる。共生できる社会づくりの事例の一つになればと、それが大きなテーマでもあります。

小川　とてもいい発想だと思います。生協の良さは、こんなことがあったらいいなという気付きを事業にしていくことです。そうして地域に仕事をつくることができれば、という希望も持てます。

□山口県の課題解決のために生協と農協、漁協が一緒にやっていく

樋口　先ほど団地の話がありましたが、今の団地は隣に誰が住んでいるのか分からないという状態です。お互いに知り合うところから始めなければ次の段階にはいけないと思うので、まず地域の人が集まるきっかけづくりをする必要があると思います。私は牧師として教会で活動していますが、地域の方が高齢になると、集会所が遠かったり、階段があったり、畳で座るのがつらかったりで、大変だという話を聞きました。私の教会はバリアフリーなので、町内の方たちの懇談会や話し合いの場にどうぞということで、教会を提供するようになったのです。今でも、それは定期的に続いています。

小川　山口県は小学校や役場など、集会をするための場所はずいぶん空いていますが、どこも使われていないのはもったいないですね。

岡崎　そういう場所を使おうとすると、許可を取るのが大変なんですよ。

小川　山口県は協同組合特区ということで申請して、遊休施設は全部使えるようにするのはどうでしょう。そういう問題提起を生協からしてもらうのもいいのでは、と思います。

樋口　山口県内の生協同士、大学生協などとの横のつながりや、協力体制はどうなっていますか？

岡崎　山口県に生協の連合会があり、県内の購買生協や職域生協、学校生協、大学生協、全労済も加入していますので、緩やかなつながりは持っています。

小川　昨年が国際協同組合年*[10]だったこともあって、生協と農協、漁協と一緒に組織をつくったこともあります。ただ、同じ生協、協同組合であってもそれぞれ色合いが違い、見解の違いもあります。どういう事業で協力するのかイメージが明確でないと、話し合いは難しいと思います。しかし、最初の話になりますが、今の山口県は課題ばかりが山積して未来の展望が見えてこない状態ですから、その解決のために一緒にやっていきましょうと働きかけるのはいいかもしれません。

岡崎　やはり、暮らしが成り立たないと地域の農業、漁業が成り立ちません。山口県には3つの海があり、漁協もたくさんありました。しかし、近い将来、漁業に従事する人は激減すると言われています。いくらいい魚が獲れても、漁村での暮らしが成り立たないと、漁業を継ぐ人がいなくなるからです。そうなると、県内で消費する魚は県内産でと思っても、確保が難しくなるでしょう。県内の漁業を継続していただけるように、事業活動や組合員活動を通して何かの支援をしなければと考えています。

❏「地産知食」で郷土料理を掘り起こし山口県の食文化を後世に伝えていく

樋口　生協は農業に焦点を当てがちですが、それを漁業にも広げてほしいですね。以前、瀬戸内の人たちが学校で魚の食育教室を開いていて、県の賞を取ったこともありました。日本海側でもそういう食育活動や漁業体験をやってみてはどうでしょう。

また、漁業者への支援ということなら、その地域のいいもの、特産物に光を当てて外に広めていく、中継ぎのようなことをするのも生協の役割ではないでしょうか。生協が地域のいいものを掘り起こして、付加価値をつけて紹介をしたり、どのように販売するかアドバイスしたり。すると地域の人たちも自分たちのやっていることに希望を持つことができて、若い人も仕事を継いでくれるようになるのではないでしょうか。そういういい循環を生み出すきっかけづくりを、生協にしていただけるといいなと思います。

小川　山口県には海の幸、山の幸が豊富にありながら、トータルな郷土料理というものがありませんね。それを生協が提案してみるのもいいのでは？

福浪　実は今、山口県の食文化を後世に伝えていこうということで、「コープやまぐち50周年の記念企画」の一つとして郷土料理の掘り起しをやっています。記念式典には配布できるよう、準備を進めています。また、「地産知食《ちさんちしょく》」ということで、「県内でとれるものをもっと知って食べよう」という活動を進めています。食文化を守り育てていく活動も、暮らしありきで考えなければいけません。そのために協同組合で何ができるか、そういう発想でものを見ていくことが必要なのかなと思いました。

□山口県の全体像が分かるのは生協　働く意欲や能力、可能性をどう掘り起こしていくか

小川　今は行政自体が、地域間格差を是正する政策を放棄しています。生協、農協、漁協を含めた協同組合が、格差のない地域生活が営めるような仕掛けを考え、アイデアを事業化するこ

とで新たな希望が生まれる気がします。ぜひ、山口県からそういう動きをつくっていただきたいと思います。福浪さんは組合員として、理事として、今までの話をどう感じられましたか。

福浪　今日は、大きな夢のあるお話を伺うことができました。生協の一番いいところは、「自分の声を伝えられる場所がある」ということです。全てがかなうわけではありませんが、声を伝えることで、私たちがこうなったらいいなと思う暮らしの実現に、少しずつ近付いていると感じています。私は今、理事として生協に深く関わっているのでそれを実感できますが、理事になる前は一組合員でした。ただ生協を利用している組合員さんにも、自分たちの声が改善につながることが感じられるようになればいいなと思います。そして、若い人たちの生協への入り口も大切ですが、高齢の方たちとも、もっと深く関わっていかなければと思いました。

樋口　山口県の全体像が分かるのは生協だと思います。地域で暮らす方たちの働く意欲や能力、可能性をどう掘り起こしていけるか。それがこの先50年に向けての生協の役割ではないかと思います。全国の生協とつながっているので、他地域での事例を山口で生かすことも、山口ならではのものを他地域に発信して、販路を確保していくことも可能でしょう。これからは、ぜひ、そういう視点で活動していただきたい。また、そういった活動は若い人の学びにもつながりますので、学校にもぜひ、声を掛けていただきたいと思います。

小川　岡崎さんは、理事長として何を感じられましたか。

岡崎　私は生協一筋ですので、どうしても事業を通して活動を進めるという視点になります。

もちろんそれが原則ですが、県の現実を直視して、どうすれば地域の人たちがもっと豊かに暮らしていけるか、そこで自分たちに何ができるかを考えて活動していく必要があると感じました。

また、生涯を通じて生協をご利用いただくには、まず若い世代に加入していただかないといけません。今後はTwitterやFacebookなどＩＴも活用して、情報発信やコミュニケーションに活用していきたい。さらに、これまで蓄積された組合員さんの利用履歴などのデータも積極的に活用して、ワン・トゥ・ワンのサービスが提供できる生協にしていきたいと思っています。

いずれにしても、いつでも誰でも加入できて、生涯を通じて利用できる、人とのつながりの居心地の良さがある生協でありたい、というのが今の思いです。

小川　これからの生協のあり方について、ずいぶん話が弾みました。生協の活動は組合員の声が第一歩だと思います。組合員の気付きから生協がどういう取り組みをすればいいのか分かりますし、新しい事業提案、ビジネスチャンスにもつながるでしょう。

生協の職員、経営陣は、生協というものをもう一度現代風に解釈し直して、地域の中でできることは何か、他の協同組合とも共同しながら模索していっていただきたい。そうすれば、今以上に高齢化が進んだ過酷な状況も乗り越えていける、新しい道筋が見えてくるのではと思います。

今日の話が今後の生協活動に役立つようにと祈念しております。長時間にわたりありがとうございました。

（2013年7月15日、コープやまぐち本部で。構成・野田陽子／写真・川本聖哉）

注

＊1　**コープやまぐち女性いきいき大賞**：女性が中心となってコミュニティ活動やボランティア活動、NPO活動などにチャレンジしている団体を表彰し、応援することで、その活動が地域に広がることを願って設けられた賞。住民参加による住み良い地域社会づくりと、男女共同参画づくりを目指して、2006年にコープやまぐちが創設。後援は山口県、朝日新聞社、yab山口朝日放送、山口新聞社。生協の組合員だけでなく、県内の地域住民による一般の他団体も対象としており、最優秀賞、優秀賞、コープやまぐち奨励賞、コープやまぐち奨励賞・学生の部、コープやまぐち組合員賞が選ばれる。

＊2　**安岡ひまわりレディース**：「野菜の共販グループをつくりたい」という思いから下関市安岡で発足し、活動を続ける女性グループ。減農薬野菜の生産、地場野菜のカキチシャの継承などに取り組むほか、小学校や幼稚園を回り、自作の紙芝居を通して、農業の大切さ、命のつながりを伝えるなど、女性の視点を生かした食育活動にも力を入れている。

＊3　**ココ・ファーム**：食料自給率の低下、耕作放棄地の拡大や農業従事者の高齢化・担い手不足など、日本の農業が極めて厳しい状況にあるなか、コープやまぐちが2011年に設立した農業生産法人。消費者組織自らが運営することで、農業・地域・消費をつなぎ、地域と連携しながら活力ある地域づくりを目指している。

＊4　**COCOLAND山口・宇部**：コープやまぐちの関連施設として、2009年に開設されたホテル機能やコンベンション機能、スポーツ機能をはじめとする健康づくり機能、高齢者福祉機能など各種の機能を併せ持つ都市型複合リゾート施設。

＊5　**コープCSネット**：生活協同組合連合会コープ中国四国事業連合会。鳥取、島根、岡山、広島、香川、愛媛、高知、徳島、そして、山口の9つの地域生協が出資して事業運営を行う事業連合。

＊6　**ふれあい・いきいきサロン**：地域の「仲間づくり」「出会いの場づくり」を図る活動。家で閉じこもりがち、話し相手がいない、さびしいといった不安や悩みを持っている人たちに声をかけて、みんなで集まっ

て「気軽に」「無理なく」「楽しく」「自由に」過ごせる場を地域の中につくるものとして、参加する人たちと運営するボランティアが自由な発想で企画し、自主的に運営する。高齢者だけでなく、障がいがある人、子育て家庭の親子、地域みんなで交流するなど、さまざまなかたちのサロンが広がっている。

＊7　ソンミサン・マウル：ソウル市の中心部麻浦《マッポ》区の標高60メートルの小山を取り巻く地域にある。ちなみに、ソンミサンはその小山の名前。マウルは村の意。1994年、この地域に集団移住した30代の共稼ぎ夫婦25世帯が、自分たちの必要性から共同育児施設「ウリ・オリニチップ（私たちの子どもの家）」を設立した。ソンミサンを取り巻く地域では、その取り組みを発端として人のつながりが徐々にでき始め、やがて、ソンミサン・マウルへと発展していった。共同育児の活動は、子どもの成長や発達につれて、学童保育や代案学校など新たな「必要」を生み、さらに食の安全のための生協（麻浦トゥレ生協）の設立（2000年）につながった。2001年には、ソンミサンに配水施設を建設しようとするソウル市の計画に反対する住民運動が起こり、その撤回を勝ち取った。その運動の中で、世代間のコミュニケーションが広がったことで、コミュニティは拡充した。現在、麻浦トゥレ生協には約5700世帯が加盟し、カフェ、リサイクル・ショップ、市民劇場、ミニFM放送局など、新しい文化や開かれたコミュニケーションを支える、多彩な70を超える活動や事業体（マウル企業）が活発に展開されている。

＊8　PBL（Project-Based Learning, Problem-Based Learning）：課題解決型学習。座学（講義形式教育）とは一線を画するPBLの起源は、60～70年代に北米で実践された医学教育に遡るとされるが、その背景として、生物医学的知見が日進月歩で拡大・革新することに対して、従来型の教育体系では対応できず、臨床医学的実践において、常に新しい知識と技法を教育せざるを得なかったことなどが挙げられている。企業においては、新入社員教育で実施されるOJT（On the Job Training）がこれに対応する。

＊9　おたがいさま活動：2002年、生協しまねの組合員有志が、「困ったな、手助けしてほしいな」と思っている人と、そのような人を「助けてあげたい」「役に立ちたい」と思う人との気持ちをつなぎ、お互いに支えあう仕組みを発案したことで始まった生協の組合員活動。現在、その活動の範囲は、掃除、洗濯、代

筆、留守番、通院介助、書類提出、乳幼児の世話、産前産後の手伝い、庭木の水やり、ペットの世話、草取り、食事作りなど多岐にわたっており、他の生協にも広まっている。

＊10 **国際協同組合年**：International Year of Co-operatives　２００９年の国連総会における宣言に基づき、２０１２年は国際協同組合年とされ、①協同組合についての社会的認知度を高める……協同組合の貢献・協同組合の世界的ネットワーク・コミュニティや平和への取り組みなどについて知ってもらう、②協同組合の設立や発展を促進する、③協同組合の設立や発展につながる制作を定めるよう政府や関係機関に働きかけることを目的として、さまざまな取り組みが行われた。

コープやまぐち　50年通史

内から見た半・世・紀
——8つのステージ

有吉政博

8つのステージを人間の成長になぞらえる

2013年8月31日は、山口中央生協の創立総会から、そして、同年10月6日には、小郡《おごおり》店の開設から満50年を迎える。決算期で言えば、今、51期の進行中。あえて、この決算期で表記した成長の軌跡は、人間の成長に照らし合わせると分かりやすい。

「Ⅰ．創生期」は、未就学期にあたる。「Ⅱ．成長期」は、小、中学生の頃、まさに成長期。そして、成長バランスに欠けたことが災いし、多感な高校生の時期に「Ⅲ．激動（混迷と脱出）期」を迎える。存続危ぶまれる経営危機に、幸いに、もう一度やり直せと多くの方々、先輩、親せき、周囲の激励で、まさに「存続のチャンス」を与えられた。それを活かすため、必死で働いた80年代は、「Ⅳ．再生懸命（基盤確立）期」。それは、人生で言えば、結婚し、世帯を持つには改めて自活できていることを証明する必要があるという、そういう時期に重なる。

29歳からは、「Ⅴ．再生完了（90年ビジョン）期」は、再生完了が社会的に認知を受け、ようやく一人前として扱われる時期に入る。34歳からは、「Ⅵ．バランス整備期」、すなわち、運動と事業の構造を整備する時期に入り、それまで必死で築いてきた生活基盤をもう一度整備し直すことが必要という、壮年期に当たるだろうか。そして、男の厄年を過ぎ、「Ⅶ．共存模索

（Design 2010）期」には、「地域社会から必要と認められる運動・事業への取り組み」を模索した。

まだ、この期を円熟期とは呼べない、なぜなら、現在の「Ⅷ．さらなる半世紀（いま、これから）期」が、50歳にして「さらなる半世紀へ」の歩みを模索中であるからだ。人生ならともかく生協組織であり、そして、到達レベルはまだ、「天命《てんめい》を知る」はおろか、「不惑《ふわく》」すら超えることができていない。

還暦《かんれき》、さらに喜寿《きじゅ》を迎えるころ、改めてこの期間の整理がなされるであろう。そのため、50歳を迎えた今、「さらなる半世紀」に確かなあゆみを続けるために、新創業の心意気をもって、「山口県民のくらしになくてはならない」と言われる組織を目指していきたい。

I. 創世期（60年代）

1963〜1969（S38〜44）年・1〜7期

●ゼロからではなく、マイナスからのスタート！

このことばは、神戸から創業期の支援に来山《らいざん》願った、創立総会来賓の高村勲《たかむらいさお》氏（後のコープこうべ理事長・日本生協連会長）の創立総会の議事録に残されている。

小郡生協の倒産の後を受けてのスタートは、また、同じようになるだろうと〝うわさ〟される中であったが、近代的スーパーマーケットは高い支持を受け、創立半年後の第1期末の組合員数は、3017名のうちおよそ2000名が、店頭で加入を受け付けている。

タブロイド判の新聞形式にした半年間の決算と事業報告は、今日的ディスクロジャーから見ても、斬新と評価できる。その報告に、一口百円の出資金に対する〝数円の配当金〟を袋に入れ、一軒一軒説明して回った（柏木尚《かしわぎひさし》氏・下記参照）ことからは、信用を築くことに懸命であったことが伝わってくる。今なお、誇りにできる創業期の先人たちの労苦である。

●創生期の特徴① 経営不振生協の後を受ける

戦後、全国的に誕生した地区労を母体にした生協が経営不振になっていくことと同時期の、小郡、防府《ほうふ》、小野田《おのだ》という旧生協の整理の後を受けつつの、山口中央生協の創生期の組織・事業拡大は、翌64年の防府店、66年の小野田店開設へと、急ピッチで進む。

●創生期の特徴② 藤村と次家の盟友関係

これは、創業者、藤村節正《ふじむらときまさ》が労働運動時代に、小郡生協を母体に日本生協連理事を務めることで得た、灘《なだ》生協の次家組合長との〝盟友関係〟(高村勲氏)により、従業員派遣等の同志的支援を受けたことで成り立っていた。また、小郡生協の破綻の後、当時の副知事が「しっかりとした地域生協を作るために協力してほしい」と、神戸まであいさつにみえた(高村勲氏)ことも大きい。

さらに、労働運動出身の藤村は、事業の指導を神戸、資金を労金、運動は地元消費者でとの説明も繰り返した。神戸からは、初代常務(非常勤)を高村氏が務め、その指導で小郡店を準備、務め、代わって、柏木尚氏が66~70年、常務理事を務めた。

その組織作りで、藤村は婦人会組織との関わりを大切にした。理事を務めた女性は婦人会幹部経験者が多い。その層を、神戸に学び、家庭会組織として育てようとした。そういう方々に加わっていただかねば組織は広がりを作れないと考えたし、一口百円の出資金も加入しやすさを考えてのことであった。ヨーロッパのような生協を、イメージしていたのではないだろうか。

そうした関係があって、**短期間に3つの生協の後を受けながら、それぞれで事業を開始でき、さらに数年後には、山口市に大型店舗を構想するのが、創生期の特徴**である。

Ⅱ. 成長期（70年代）

1970〜1977（S45〜53）年・8〜15期

●市民誰もが生協を知っている組織を目指して、急速な「事業拡大」を進める！

時代は、ダイエー等の急速出店に代表される〝流通革命〟のピーク時。生協では、灘生協と神戸生協が合併（62年）。北大生協を基盤に、札幌市民生協（現・コープさっぽろ）（65年創立）が多店舗展開を始め、全国の地域生協、大学生協に刺激を与える時期でもある。

くらしと流通の大きな変動期である。その中で、市民誰にも認知される生協を目指す、言ってみれば「生協が市民権を得たい」藤村は、そのシンボリックな存在として、山口店開設に命運をかけて臨む。ダイエー山口店の翌年の開店であった。

この山口店出店以降の主だった動きを見れば、70年代はまさに成長期と呼べる。

成長期①　店舗事業　山口店（70年）、上山口店（73年）、湯田《ゆだ》店、小野田《おのだ》店移転新築（74年）、

東部（岩国《いわくに》市民）生協提携、西岐波《にしきわ》店（75年）、八王子《はちおうじ》、周南《しゅうなん》、山手《やまて》店（76年）と事業拡大を超スピードで実施していく。山口店は、1Fおよそ1000㎡×3層の売り場で、当時としては大型店であった。

成長期②　共同購入事業　山口店開設年の7月〝牛乳の共同購入〟開始。同年酒のメーカーから直売。灯油の共同購入、食品、日用品の月2回の共同購入を開始。山口市駅通りに共同購入事務所（71年）。山口市緑町《みどりまち》に移転（73年）。班組織・組合員組織づくりを進めるためであった。

成長期③　組合員組織の運営　班を基礎においた組合員組織運営は、牛乳を基礎に、共同購入の商品を広めることと併せて班長会、班会を呼び掛けるスタイルで始まった。運営委員の選出の母体にもなるなど、年3回班会4回の班長会のパターン化（72年）などが進められた。班が組織運営の基礎、運営委員会が組合員活動の中心になり、店舗開設準備委員会、地区別総代会などの運営を模索していく。組織部に協力員（後に組織係）と呼ぶスタッフが半常勤で務め、班会に出席し、商品学習や暮らしの問題を話し合い、生協への理解を広めていく役割を担った。

消費者運動視点での、暮らしの問題への取り組みも提起した。「公共料金調査」は76年度よりスタートし14回目の88年度には、2215世帯の調査データになったことが25周年誌に記録されており、全国的に見ても、「日本生協連の家計活動専門委員会」でも高く評価された活動として紹介されている。このように、運動面でも班を基礎においた実践がなされていた。

成長期④　消費者運動　生協の場で取り組む運動にとどまらず、他団体と一緒の取り組みも進めた。消費者米価を考える集会、石油パニック（73年）を契機に家庭燃料を考える集会などを積み重ねながら、山口県消費者団体連絡協議会の設立などにも役目を発揮した。決して店舗だけでなく、組織、運動、事業、それぞれに大きく成長した時期である。

●成長期から混迷期へ～成長バランスの欠如の表面化

一見順調そうに見える成長期は、実は、問題を内包しながらの進捗であった。年間供給高100億の規模になれば、その壁を越えればと、必死で出店を積み重ねたが、収益構造は良くならなかった。職員組織の脆弱《ぜいじゃく》なことも挙げられよう。何よりも、収益構造が確立できていない中で、他人資本により事業拡大を図るという投資であった。そうした投資の結果、既存事業も含め利益を生み出せない限り、収益も財務もさらに不健全に陥っていく。

八王子、山手、周南の3店舗出店を行った翌77年、その立て直しをコンサル会社に求め、N

MC（日本マーケティングセンター、現・船井《ふない》総研）の全面的指導を受ける契約を締結した。（78年2月）

翌78年度（79年1月）提案を受けた、「79年度からの中期3カ年計画」（NMC中計）は、組織、財務、営業など総合的な調査の上で、克服すべき内容を厳しく指摘。そして、「本計画案は、基本的に過去のマイナス面を一掃するとともに、今後の基礎づくりという性格」と位置付けている。

その指摘で、過去のマイナス「債務超過2億円」（実質欠損6・17億、資本4・15億）と膨大である。ただ、この欠損金、貸借対照表で右下に表示されていたわけではなく、繰延資産のように、今から償却が必要な資産勘定に分散されていた。そして、「圧倒的な供給高不足の解消」を実現し、不良資産を除却する計画であった。

この欠損金を克服する必要が発表された「NMC中計」の78年度は、それまで順風に見えた「成長期」を終えたことを意味する。

Ⅲ．激動（混迷と脱出）期
1978〜1982（S54〜57）年・16〜20期

●〝課題山積の拡大〟は、やがて存続の危機へとつながっていった！

順調に見える成長期は、実は大きな問題を内包しながらの進捗であり、その立て直しを外部コンサル会社に委ね、経営改善を進めた。78年度からの中計（NMC中計）は、その問題点を指摘した上で改革課題を掲げ、78年度の職員の意識改革に始まり、営業力強化、管理力強化などにテーマ別に具体的な取り組みが進められ、とりわけ店舗事業の収益改革には、並々ならぬ力が注がれた。

その効果が表れてきた79年度、宮野《みやの》店開設。その成功にも力を得て、80年、小郡店の仮店舗への移設といずみ店開設。結果は失敗。収益力がようやくできてきた段階での、2店舗の失敗は致命的であった。

その出店失敗の表面化した81年度、NMCとの契約を破棄。万事に窮した状況に対して、要請に応え、コープこうべ、さっぽろ市民生協は、役員を派遣して立て直しに支援の手を差し伸べてくれる。

店舗事業を立て直すこと、事業として本格的に取り組むことが始まっていた共同購入の拡大と併せて、生協的な健全な経営に立て直す姿勢への転換であった。しかし、資金が続かない状況に落ち着いた。その中で、「部長以上の幹部役職員の3カ月間の給与100%カット」など、さまざまな取り組みが進められた。運転資金が不足、つまり「存続の危機」である。

存続のために、水面下でさまざまな動きが続く。労働福祉団体での救済策や、ナショナルチェーンや地元スーパーとの話し合いなどを経ながら、藤村がすがる思いで決断したのは、「イズミヤ㈱との商品協力」であった。

イズミヤ㈱との商品協力契約に基づき、同社の信用のもとに、「山口店をリース会社に、7年後に買い戻し特約付きで売却」（リースバック契約・82年3月）が行われた。そのことで、資金をつなぐことができ、同時に81年度の経常剰余4・4億円の赤字を、税前剰余0・47億円と解消できた。

そして82年度、3事業部制（①共同購入事業、②店舗事業、③イズミヤ㈱から支援を受ける山口店といずみ店という区分）がとられた。山口店をリース会社に売却した後である。当然のこととして資本費は高くなり、収益構造は経常赤字6・5億円とますます悪化する。経営存続のためには、まさに抜本的な改革が避けられなかった。

イズミヤ㈱の支援を受け、「山口店のリース会社への買い戻し約束での売却」についで、翌年、

「赤字5店舗を分離売却するという救済策（事業縮小）」が断行される。その年度の赤字も解消し、破綻が回避され存続が許された。従業員の雇用も守ることができた、ほんとうにありがたい救済策である。しかし、内外ともに〝信頼感を喪失〟する荒療治であった。

一方で幸いであったのは、共同購入事業が〝芽〟を吹き出してきたことであった。

●激動期経過① 成長期から混迷期への背景

成長期の急速な事業拡大が、内部運営を充実させながら進められたかと言えば、不十分を承知で、「成長が問題を解決する」という考え方に立っていたと思える。しかし、ハイスピードで出店したものの収益力は上がらなかった。職員組織の脆弱《ぜいじゃく》なことが災いしたのかもしれない。何よりも収益構造が確立していない中で、他人資本により事業拡大を図る、その結果、財務構造がさらに不健全になるという危うさの中での成長を、いつまでも続けることはできない。

その状況脱出のために、NMC（日本マーケティングセンター、現・船井《ふない》総研）の全面的指導を受けることになる。NMCの組織診断と提案された中期計画には、「債務超過2億円」（実質欠損6・17億、資本4・15億）が指摘される。しかし、バランスシート右下に〝マイナス〟で表記されていたわけではない。繰延資産等、これから償却が必要な資産勘定に隠されていた。それを克服する策は「圧倒的な供給高不足の解消」であった。それを累積欠損として表示すると、出資金のとりつけさえ心配される中で、中計期間中に「黒字を出して不良資産を解消する」という考え方がとられた。

77年度（1978年2月）、NMCとの指導契約。78年度（79年2月）、中期3カ年計画（NMC中計）発表。中計は、財務・人事・教育・営業強化・出店計画などの総合対策であった。店舗事業の損益の回復には、並々ならぬ力が注がれ、その効果が表れてくる中、**79年、宮野店開設の成功にも力を得て、80年、小郡店の仮店舗への移設出店、いずみ店開設。結果は失敗。収益力がようようできてきた段階での2店舗の失敗は致命的**であった。

●激動期経過②　混迷～存続の危機、救いの神子《みこ》

その失敗の表面化した81年度、NMCとの指導契約を解消し、「神戸、札幌に役員派遣を要請」、生協陣営の中での危機からの脱出を探ることに方針転換した。共同購入事業に本格的に着手するなど健全経営を目指すが、それ以前に「資金」が続かない。存続の危機である。コープやまぐち存続のために、水面下でさまざまな動きが続く。労働福祉事業団体での救済策や、地元スーパー等との話し合いなどを経ながらも、藤村がすがる思いで決断したのは、**「イズミヤ㈱との商品協力契約」**であった。その契約に基づき、同社の信用のもとに、**「山口店をリース会社に、7年後に買い戻し特約付きで売却」（リースバック契約・82年3月）**が行われた。そのことで、

資金をつなぐことができ、同時に81年度の経常剰余4・4億円の赤字を、税前剰余0・47億円と解消できた。

その報告をする職員の幹部会で、藤村はイズミヤさんを紹介するのに、和田《わだ》社長の人がらについて、そして、酒井《さかい》専務とコープこうべの関わりも話し、まさに「救いの神子《みこ》が現れたかのような話」をした。資金がつながった喜びであったのだと思える。実は、後に重たい課題となる、山口店の買い戻し約束であるが、その当時、そのことは藤村にとっては最大に良い条件を与えられたと映っていたのではなかろうか。

それでもこの困難を、あきらめずに必死でもがいて倒産を避けたことの「責任感と人間性」は見事であった。今なお藤村への評価がなされる由縁《ゆえん》であろう。

●激動期経過③　生協の経営危機打開策とイズミヤ㈱の提案

82年度、山口店といずみ店に責任を持つというイズミヤの意向を入れ、3事業部制（①共同購入、②店舗、③イズミヤ㈱から支援を受ける山口店といずみ店という区分）が採られた。81年度、大赤字。その切り抜けのために山口店をリース会社に売却した後である。当然のこととして資本費は高くなり、**収益構造は経常赤字6・5億円とますます悪化する。経営存続のためには、まさに抜本的な改革が避けられなかった。**

経営危機打開に当たって、生協が確保しなければならない対策視点は大きく3点。

①財務体質の抜本的な改善の財源を確保し、**借入金を返済し、不良資産を除却すること**

②**収益体質の抜本的改善**（リースバック期間中の山口店の損益対策と赤字店舗の切り離し）

③生協運動として**独立した経営ポジションの確保**

である。

この条件は、「コープやまぐちの存続」をテーマにしたイズミヤ㈱が、現地会社「サンやまぐち㈱」を設立しての、次のような救済策によって確保できた。

①**赤字のいずみ、周南、防府、八王子、小郡の5店舗の資産を買い取る**（商調協審議を経て、サンやまぐち㈱で営業できるまでは、生協の店で営業）。

②**山口店の運営を、生協に赤字を発生させない形で受託**する。

③以上の店に**所属する職員をサンやまぐち㈱で雇用**する。

イズミヤ㈱から提示された方針は、今日考えても夢のような救済策と言える。コープやまぐち存続を図るため、組合員、従業員、生協法と商業活動調整法、生協の財務を考えた資産取得価格など、企業再建策としては、関係者、有識者からは高く評価された。

●激動期経過④　店舗売却の衝撃

一方、店舗の売却であり、組合員にも職員にも衝撃的な再建策であった。地域社会にとっても大ニュースであるだけでなく、この措置は、生協店舗から通産行政下の店舗への変更（商調協のクリア）が不可欠であり、そのことへの関心も集まった。それまでに、生協は出店に当たって別ルールであったことを変えるべき、という主張もされてきていた。そういう関係者からの興味も高かった。つまりこの措置は、**職員理解、組合員理解、そして、商調協の結審、この3組織の理解が絶対条件**であった。

ドラスティックな再建策は、内部だけでなく、地域社会にも衝撃を与えたが、生協の存続をという大義名分の前に多くの方々の協力を得て、「5店舗分離と分離した店の営業権確立」を進めることができた。

●激動期経過⑤　再生への息吹（共同購入の事業・手書き班回覧の注文書で1万人組合員達成）

そうした構造を変える再生基盤作りは、共同購入事業という、成長可能な分野があり、その事業が成長を実現することで可能であった。

●事業構造整備期の前後の供給と損益構造推移

1970	供給店舗経常		
1971		山口市駅通り（コメの免許）	
1972			
1973	73,597	山口市緑町	
1974	191,480	灯油スタンド	
1975	228,537		長門事業所
1976	294,759		
1977	357,086		
1978	410,619		宇部C、周南C
1979	545,882		下関C
1980	812,518	センター長制度	山口C
1981	1,070,520		
1982	1,497,417		
1983	1,987,243		宇部C
1984	2,977,585	第一次システム改革	防府C、光下松C（島田）
1985	4,579,815	東部DCと下関CでPDセット	岩国C、徳山C
1986	6,129,636	商品C	下西C、宇部東C
1987	7,475,269	システム改革	
1988	8,854,675		北部C
1989	10,090,375	商品C拡張	
1990	11,520,584		
1991	12,638,642		柳井C

ここで、82年度までの共同購入の経過を振り返ってみておく。

牛乳で班組織作りが、共同購入事業のスタートであった。山口店が開設された1970年、7月から牛乳の共同購入を呼び掛けた。「加工乳でなく、入脂肪分3・2％の普通乳を、テトラパック（紙容器）によるワンウエイで、ご近所でまとまることで16円で」という呼び掛けは、開始とともに83班ができるほど、消費者の関心を呼んだ。

翌年、食糧管理法で取り扱いの新規免許がおりない状況の中、コメの小売り免許を取得するため、市内駅通りの米穀店の建物を賃借。そこを、牛乳と一部開始した食品・日用品の共同購入事業所とした。

73年、山口市緑町に店舗のドライ商品の配送センターと併せ、共同購入センターを移設。この事務所で、手書き商品案内の共同購入が進められる。供給高は、それまでは店舗に含めて計上されていた。

74年、同所に灯油スタンド建設。灯油の需要が大きかった時代であり、全国的にも、生協の灯油価格が社会的関心を呼ぶ時代であった。長門《ながと》市の主婦たちが、生協の組合員に加入するきっかけにもなった。

そのころの手書き注文書とは、印刷も自前で、片面に商品の案内が書かれ、裏面には、横軸に商品名と価格が書かれ、縦軸に組合員名を記入して班を回覧する方式、その班の合計を当番さんが記入して、右端を切り取って生協に提出。生協でそれをコース別、曜日別に集計し、商品発注。トラックには、その曜日のそのコース分の商品を単品で積み込み、班で注文に応じて個数を確認してお届けするという、極めて原始的な共同購入であった。

手書き班回覧スタイルの共同購入であったが、コープ商品の魅力を武器に、その輪は徐々に県内に広がっていく。宇部《うべ》市内には、西岐波《にしきわ》店があり、そこを起点に共同購入を開始し、後に鵜《う》の島《しま》に60坪程度の宇部センターとして開設。周南は、周南店にセンターを設ける。下関《しものせき》では、生協の商品を購入したい主婦たちの希望に応える形で、山口から段ボールに詰めて運送便で届けることからスタート。後に山口からの配達を続け、79年に賃借のセンターを開設。組合員の喜びの声が、運動の発展を予感させた。

全国的に伸び盛りの時代でもある。80年度、共同購入部、商品課、運営課、4センター長制度など、成長への体制も整備。79年、5・4億円の供給高を飛躍的に伸ばそうという中で、「組合員1万世帯」が当面する大きな目標であった。

日本生協連指導部、北九州市民生協（現・エフコープ生協）等に、具体的な指導も受けた。仲間作りに、組合員にともに取り組んでいただくということを、班会などの話し合いテーマとも結びつけながら展開した。1万世帯組合員になれば実現できるという具体的な目標は、コンピューターを活用した、OCRによる注文書の読み取りであった。

それが見えてきた段階で、システム委員会を作り、どのようにするのが良いのかを組合員目線で検討しながら、**１９８４年、第一次のシステム改革**。商品案内が1色刷りながら印刷外注になり、コンピューター導入により注文書を個人別カードにすることができた。組合員も一緒に進めてきた組合員1万人を目指す取り組みが実現する力になったわけで、コンピューター導入と1万人達成を祝う職員の祝賀会は、それからの前進を感じさせるものであった。

81年度、山口店リース契約。82年度、5店舗の事業縮小が進む中であり、そのことの内部の組織的な動揺などの影響も少なからず受けながらの時代である。81年度、10億。82年度、14・9億。83年度、19・7億。システムを改革した84年度29・7億。その翌年以降も、順調に成長を続けることができた。

全国的な共同購入事業のノウハウを吸収させてもらったこと、コープ商品の力を活用できたこと、そして、共同購入だけになっても、生協運動を存続させねばという意識があって実現できた成長であった。

Ⅳ. 再生懸命（基盤確立）期

1983〜1990（S58〜H2）年・21〜28期

●支援への感謝は、再生チャンスを活かし、再生を確たるものにすること

組織存続のためとはいえ、事業の一部売却は、内部には傷跡も大きかった。職員は、分離店舗に属するものは選択の余地はなく、生協を退職し、新会社で再雇用。生協労組も最終的には理解した。しかし、生協に残る者にも、生協経営への不信感は残った。

分離店舗を利用していた組合員は、昨日まで〝私たちの店〟との思いが覆され憤りを感じたり、やむを得ないと諦めたり、脱退も少なからずあった。

そのように、組合員と職員に〝つらさ〟を強いて得ることができた再生チャンスでもある。

山口店のリースバック買い戻し約束も重荷、その時期までの6年間を、共同購入と小型店で発展させ、買い戻しを実行するというのが、理事会の公式発表であり、社会的な約束でもある。

しかし、「そんなことが、本当にできるの？」という疑心暗鬼の中にあった。

事業縮小は、内部に不信感を残し、従来の役員による執行は不全になりつつある。その状況を克服するため、事業縮小後の役員体制は大幅に変更した。

理事長藤村は、サンやまぐちの社長も兼ね、同社には専務理事であった金子光皓《かねこみつあき》が役員就任、生協の専務は常務の村田正己《むらたまさみ》が就任。神戸、札幌からの2名の常務も帰任。当時、専務、常務以外の常勤役員の4名は退任、職員に復して業務に当たった。

そうした中、藤村は、共同購入部長の有吉政博《ありよしまさひろ》に、83年度「6中計」のプロジェクト委員長を、栗崎勇二《くりさきゆうじ》に事務局長を任じる。

できる、できないはともかく、**山口店買い戻し約束までの6年間の「中期6カ年計画」（6中計）を、起案**しなければならない。プロジェクトは、組織、商品・物流、運営、管理の4つの専門プロに分けて、若手幹部を総動員する形で、起案することになる。

「再生チャンスを活かす！」、今度こそという思いの若手職員は、会議を積み重ね、その年度の2月には職員への発表、84年5月の総代会には報告できるように、懸命になった。

6中計の内容を実現するため、委員長の有吉は共同購入部長兼常勤役員会議長として、全体指揮を執ることも経験させられる。常勤理事になる前の年である。そして、86年常務理事、生協のプロパー職員からの常務理事就任は、これが初めてであった。

84年度に、それまでの手書き回覧による注文システムから「OCRシートによる注文システム」への変更を行う、第一次システム改革の効果も大きく、その後も共同購入事業は順調に成長。しかし、山口店買い戻し契約は、やはり重荷であった。

87年度総代会で、「山口店買い戻し」は、1年間かけて再度検討を加え、翌年度総代会に提出すると約束。その後の検討、内外折衝などを経て、「損失を出しても買い戻しを断念する」方針で、「再生5カ年計画」と併せて、臨時総代会を開催（88年1月）。

その方針に総代会の議決がまとめられ、「再生基盤が確立」した。

●再生懸命期①「6中計」（84年5月・第22回総代会決定）とその進行

生協としては他人に依存した状況（山口店は、生協に赤字が出ないようにして、サンやまぐち㈱に営業委託）にあるが、その条件を活かし、〈①共同購入事業の飛躍的発展。②残された店舗の収益改善〉を図り、山口店買い戻しを実行できるようにしていこうというのが「6中計」の基本の考え方であった。

事業縮小店舗の、「サンやまぐち㈱による営業の確保」は、生協存続の大義名分のためでもあり、それぞれ多くの協力を得て順調に実現できた。

●再生懸命期②　共同購入事業の飛躍的発展

82年度組合員数が初めて1万世帯を超え、年間供給高14・9億であったものが、89年度、100億円を超えるまで成長させることができた。極力投資を控えながらも、センターの増設、従来の手作業集計からのOCRシステム化、商品の班別セット作業の機械化なども行った。分離店舗組合員へは、従来のコープ店舗がなくなるため、共同購入の利用を呼び掛けた。

84年度、第一次システム改革の後、防府、光・下松《くだまつ》、85年度、岩国共同購入センター開設、東部DCと下関DCで班別セット作業の機械化、86年度、代金の自動引き落とし開始、下関西、宇部東共同購入センター開設、87年度、共同購入第二次システム改革（商品拡大、案内16P、個人別納品請求）、88年度北部共同購入センター開設、89年度商品センター拡張。

●再生懸命期③　山口店買い戻し約束への対応について

「山口店運営委託、赤字店舗を分離、共同購入事業の拡大期」という恵まれた条件下であるが、黒字計上できても、とてもサンやまぐち㈱が山口店で出していると思われる赤字を吸収して、黒字が残るレベルには至らない。以下、その検討から決定への経過。

買戻し約束は約束、買い戻した後どうするのか？

その**買い戻し約束（88年度末）も迫った87年度、**その対応ができるか否か、結論を出すことは待ったなしの状況に迫られた。内外にわたって揺れ動いた課題であった。**なぜ揺れ動いたか、次の二つの主張**による。

● 「前の商調協の時に、今後このようなことは絶対にないと約束してきた経緯から、山口店を同様に申請しても、大店法（大規模小売店舗における小売業の事業活動の調整に関する法律）に基づく商調協（商業活動調整協議会）をクリアさせることができない。だから、生協で運営するしかできない」という主張（生協自営説）

● 「買い戻すとせっかく立て直しつつある収益と財務構造が元に帰すので買い戻すべきではない。契約は買い戻しなので、いったん買い戻し転売するという主張」（第三者転売説）

生協自営ができる・できないという違いである。運営委託期間のサンやまぐち㈱は赤字であり、自営はムリ。商業以外の第三者に転売するにも、地価が高く成り立たない。雇用問題も大きい。商業施設にするには、商調協クリアが必須条件である。

商調協をクリアできないならば商業施設としての価格で転売できない。結論は出せず、堂々巡りをする。そうした中、イズミヤ㈱から示されたのは、「商調協をクリアできない」ならば、商業施設としての金額で取得はできないという意向。理にかなった話であるが、売却損2・4億円が発生する。売却損を出せば資金が不足。理事会で「買い戻し断念と日生協に資金支援要請」の議決をして上京するも、「ヤレル限り自力で頑張れ、組合員も全国の仲間もほっておけないぞと思うまでガンバレ」と厳しいアドバイス。

その資金問題、「売却損の部分をイズミヤが無担保で融資しよう」と酒井副社長（当時）。「この話を伺ったときは、にわかに信じられないほどのありがたい条件でした」と、有吉（当時常務）は25周年誌に経緯を詳しく記載している。

この条件が提示されたことで、理事会案をまとめることができた。日本生協連、コープこうべ、商調協対策や後の執行問題もあり、田村顧問、指導を受けた実に多くの方々の同意もいただけた結論であった。この件で、たびたび相談に乗っていただいた、日本生協連・伊藤敏夫《いとうとしお》（当時、関西地連事務局長、後に専務）、青瀬剛《あおせつよし》理事（後にコープこうべ専務）にも加わっていただいた、理事会案を伝える経営幹部の会議で、青瀬さんの「再建というレベルではない、再生なんだ！　きっとクリアできるから」という励ましなど、臨時総代会に臨む幹部職員を勇気づけた。

●再生懸命期④　再生計画提案の臨時総代会が、実は、80年代経営再生の完了

そのようにして、「買い戻し、その日に売却損を出して売却する。その年度は赤字決算になるが、長期的に財務の健全な生協を築くために、生協山口店を買い戻すことは断念する」とい

う方針と、その売却損を解消するための再生5カ年計画を提案する、**臨時総代会**を開くことになった。88年1月25日、防長青年館で緊張の中で迎えた会議で、組合員総代はその方針に賛成し、それを乗り越えての前進を確認した。

この臨時総代会、病床にあった創業者初代理事長は、4カ月後の総代会に文書で退任の辞を伝えた。替わって、非常勤である田村茂照《たむらしげてる》が2代目理事長に就任。

自ら、この事態を乗り切るには自分しかないと、周囲の就任反対を押しての就任であった。そして、県行政、商工会議所、通産省等への対応に全力を挙げ、89年7月には、サンやまぐち山口店として開業できることを実現した。**これをもって、80年代の再生期間を完了宣言できる。**

●激動期、再生基盤確立期の教訓
忘れられない、〝生かされた幸せ〟への感謝と教訓

破綻寸前に至った経過、それが回避され存続が許された流れ、その間に得た多くの支援、そして組織としての「事業縮小での混迷脱出とそれを経ての総括」は、「史実」であり、今後も忘れてはならない。この存続の危機、そこからの脱出を経た組織として、私たちはいつも、**「経営の安心を最大課題にしなければならない教訓」**を得た。

50周年の機会に、また「組織として後世に引き継ぐ」教訓として整理しておきたい。

●21回総代会議案書「事業縮小に至った事態を次のように総括する」

①組合員組織の力量を高めながら規模の拡大を行えず「規模拡大が組織力の強化につながる」という生協運動から脱皮できなかったこと。

②事業規模を支える主体的力量（組合員組織力、内部力量）の判断に誤りがあったこと。

③規模拡大を進行していく上で、借入金に依存する度合いが大きく、財務構造を悪化させたこと。

④業務遂行に責任を持たなければならない幹部グループの具体的な実行力が欠けていたこと。

●25周年誌「激動期のまとめ」

1980年からの3年間、マスコミの記者をして「ドラスティック」と言わせしめた処理は、（上記の）総括や教訓を、生協の財産として残してくれたともいえよう。あまりにも高い代償ともいえようが、事業縮小という経営上の大手術を実行し、危機的状況を克服してきたことからの教訓を要約すれば次の2点につきるだろう。

①組合員からの信頼を裏切り、従業員からの絶対的不信を買うという点において、経営の破綻はストレートに運動の破綻につながっていく。

②企業に対する社会的な信頼感は、一朝一夕に得られるものではないが、それを失うのは極めて簡単であること。

V. 再生完了（90年代ビジョン）期

1991〜1995（H3〜7）年・29〜33期

●咲かせようね、みんなの夢を！

臨時総代会を開き、山口店の買い戻し断念を決め、その年度は赤字決算、そして、総代会で理事長交代（88年度）。代わった2代目理事長、田村茂照《たむらしげてる》のあらゆる関係者に協力を要請する周到な根回しで、山口店をサンやまぐち㈱で営業（89年7月）できるようにする商調協をクリア。

内部的にはようやく自立して運営できるという認識が持たれるものの、社会的には、まだまだ厳しい目が注がれる状態であった。

その状況を払しょくするために、「ビジョンの策定」「経営監理委員会の設置」、「協同組合6団体の事業提携」、組合員には待望の商品検査センター開設などを進める。そして、93年度30周年、「名称変更とCIシステム導入」で一新したコープをアピール、「咲かせようね、みんなの夢を！」のコミュニケーションフレーズを定め、同名のテーマソングも作成した。その翌年、

㈱サンやまぐちからの申し出で、事業縮小で分離した店舗3店をコープやまぐちに復することができた。経営再生が社会から認知されたのは、この時であった。

90年代前半は、再生完了を、発信し続けた期間とも言える。

●再生完了期① 経営への信頼回復

89年度、「21世紀を展望する長期ビジョン委員会」を設置。新しい構造となった生協が今後の進路を定めるに当たって、山口大学経済学部長などを務められた安部《あべ》一成《かずなり》先生を座長にした外部有識者委員に、状況を客観的に把握していただき、提言をいただこうというものであった。一年間の検討で、**90年度総代会で「街まちに協同する姿のあるやまぐち県を！」をテーマにした「90年代ビジョン」**として報告。91年度、それに基づく第一次中計。

また91年度、この間の経営困難を経験した組織として、投資失敗の轍《てつ》を踏まないためにと、弁護士、公認会計士、学者などの有識者委員に委嘱して、**「経営監理委員会」**を設置。1億円を超える投資は、この委員会の承認のもとで理事会に諮るルールを定めた。

●再生完了期②　商品検査センターなど組合員の願いの実現

90年度、山口県経済農協連（現JA全農県本部）の子会社である協同畜産㈱へ出資、91年度、協同組合6団体による事業提携協定締結、92年度、商品検査センター開所、以降3年間かけて整備、農産加工センター開設、小野田店の移転、新下関店開設など、生まれ変わったことを印象付けるような積極策を展開した。

92年度、**商品検査センターの開設**は、県の上級（技術）職員であり、食品衛生の権威者である鳥居《とりい》和彦《かずひこ》氏の知見を活かすことができ、実現できた事業であった。単年度で実現することはできないことで、以降3年間かけて完成。同規模生協にはない理化学検査、微生物検査の設備は、食の安心・安全に大きく貢献することになった。

●再生完了期③　新生生協をアピールした30周年

そして**93年度、30周年に当たり、「コープやまぐちに名称変更」**、咲かせようねみんなの夢を！のコミュニケーションフレーズやテーマソング作成、シンボルマークなど、CIシステム導入で、一新した生協を社会にアピールし、組合員とともに喜び合った。

「山口県をシルエット化した太陽が、くらし・健康・文化・福祉・環境・平和を意味する6つのコロナを発しているシンボルマーク」は、この運動を大切にしていきます、という意志の表現として、これからも燦然《さんぜん》と輝き続けさせたい。これが、マーク発表の誓いであった。

●再生完了期④　いずみ、小郡、徳山店が再びコープに

そのように、生協の経営は比較的順調に進むものの、逆にサンやまぐちは、イズミヤグループの力をもってしても、成り立つ構造にはならなかった。山口店も閉店された。そして、**イズミヤ㈱より、改めてサンやまぐちの店舗を生協で経営しないかの打診**を受ける。

「生協で引き受けていただければ、サンやまぐち社員にとってそれがベスト」だと思うと、イズミヤ㈱の姿勢はあくまで誠実で、好意的であった。社員の引き継ぎなど、できるだけ公平になるように、可能な限りの対応をすることも生協にとっては、当然であった。

翌95年8月、「いずみ・小郡《おごおり》・徳山《とくやま》」3店は再びコープの看板を掲げることになる。

「いったん売却した店が再びコープになった。別れた仲間が再開できた。あれは感激やったなア」。当時、コープこうべから非常勤理事に就任していた小倉修吾《おぐらしゅうご》氏（故人。後のコープこうべ理事長、日本生協連会長）の40周年時の回顧談である。地域のさまざまな分野の方々からの「立て直しができたのですね」という評価は、名称変更よりも3店舗復活が大きかった。

自立した経営を認知された！　という喜び、**真の経営再生完了**と言えるのかもしれない。

●再生完了期⑤　阪神・淡路大震災の復興への取り組みから学んだこと

87年度、臨時総代会。88年度、理事長交代。山口店商調協結審、サンやまぐち㈱で営業。89年度、ビジョン委員会。93年度、名称変更。95年度、3店舗再びコープ店に。ダイナミックに進む変遷である。その最中の**95年1月、阪神・淡路大震災が勃発。**

伝わってくる震災の過酷さ、そして、本部ビルが倒壊するなど、コープこうべの被災の大きさ、その中での、コープこうべの被災者支援を第一においた奮闘には心を突き動かされた。しかも、大きな大きな恩義のある神戸の皆さんが苦しんでいる。少しでもお役に立たねばと、救援物資の搬送や、応援部隊の派遣、可能な限りの支援に取り組みを進めた。

被災地復興応援に参加する中で学んだことは、「生協運動の大義であり、たすけあい、相互扶助を原点においた人間組織の可能性」だったのかもしれない。ともかく私たちは、震災から立ち上がろうとするコープこうべの復興への取り組みを激励に行き、逆に励まされ、学んで帰ってきた。

市民生活と自らの復興に懸命のコープこうべは、その中でも95年4月に予定通り、Kネット協同連帯機構を立ち上げた。

94年度、共済事業の元受認可を受け、たすけあい共済元受事業スタート。

Ⅵ・バランス整備期（90年代後半〜）
1996〜2004（H8〜16）年・34〜42期

●苦節の時代を振り返ると、バランス調整をしながら進むことが大切！

自らの事業縮小、臨時総代会などの経験の上で、90年代ビジョンに示された方向を実現する、その意識に加え、阪神・淡路大震災復興からの教訓。「今度こそ、社会に少しでも役立つことができる、まともな生協を築こう」と、奮い立った時期でもあった。安部先生の「間近に迫った21世紀に、生活者の協同がどのような役割発揮ができるのか透視しようとした。苦節の歴史も学びながら、運動、事業、経営のバランスを取らなければ、ビジョンは画餅《がべい》に帰《き》す」とのアドバイスも重みがあった。

97年度に、90年代ビジョンの後半期の目標を、「**COOP 2001 PLAN（90年代ビジョン後半期目標）」にまとめ、**「今日の社会で必要とされる運動と、競争社会の中で支持される事業構築」をテーマに掲げた。

この問題意識について、安部先生は、「共同購入の伸びが横ばい状況に陥ったことは、生協の存在価値につながる問題であり、国内の流通業界の大激戦の中で、激流に巻き込まれて主体性を失い、生協らしさが希薄になったのでは」と指摘。「『市場万能』が盛んに唱えられているいま、『協同』の価値の優越性が実践されなくてはならに。**90年代後半期に、『協同』の在り方を向上させながら、生協ならではの独自性を飛躍的に発言できるならば**、目標の達成が確実になる」と、問題意識に理解の上、**実現へは「大きな質的変革」が必要**なことを看過され激励の寄稿をされた。

「COOP 2001 PLAN」では、行政との緊急時協定、市長と組合員の懇談会などを進め、共同購入のインフラ整備や店舗への投資を進めた。しかし、競争社会における協同の優位性発揮、「独自性を発言」というレベルには程遠く、事業収支構造のバランス調整が必要になった。

事業立て直し3カ年計画と、事業構造改革3カ年プログラム（JKP）に相次いで取り組む。3年間出資配当できない状況であったが、04年度復配。配当できない3年間も出資金が8・8億円増資、組合員の〝生協ガンバレ〟の「期待感」と受け止めた。

しかし、事業を支持される数字が表れる「組合員一人平均利用額」は低い。期待に比べ支持が低いのは、事業で信頼は得ていないということで、この克服は今日まで続く大きな課題である。

また、00年度に大きな出店の動きがあった。山口市中心商店街活性化のテーマに、山口市が旧ダイエー山口店の資産を取得され、生協がそこに出店しないかという要請を受けた。

コープやまぐちは事業立て直し計画の最中であり、道路事情が変わり、採算を取れる店への転換が見込めない宮野《みやの》店の閉鎖することを決めた年であるが、理事会、経営監理委員会などでの論議は、地域社会との共存を考えると、可能であれば出店すべきという結論になり、開設。

その後ＪＫＰに取り組み、収益改善への努力を続ける中で迎えた創立40周年の03年度、再生への大きな構造転換を見届けた田村理事長は退任。代わって有吉政博《ありよしまさひろ》が就任した。40周年では、創業の地である、小郡《おごおり》店に組合員活動の拠点にと、コミュニティセンターを建設した。

●バランス整備期①　街まちに協同する姿のあるテーマの具現化

96年度、**山口市と、緊急時における生活物資確保の協定を締結。**この年、組合員が市長さんと懇談し、生協の活動に理解をいただき行政の施策を学ばせていただくという、**「行政懇談会」**も初めて開催した。ビジョンで掲げた「街まちに協同する姿のあるやまぐち県を！」のテーマを実現したいという意欲と、コープこうべの奮闘に学ぶ姿勢の現れと言える。

97年度、組合員活動で7地域13ブロック制をスタート。福祉生協さんコープの前身になる高齢者生協の設立準備を応援、**福祉生協さんコープは99年に設立。**

事業構造整備期の前後の供給と損益構造推移

		供給高				経常剰余		
		共同購入	店	合計	店割合	額	率	
	90	11,520	3,163	14,683	21.5%	332	2.3%	
	91	12,638	3,545	16,183	21.9%	362	2.2%	
	92	13,146	4,024	17,170	23.4%	258	1.5%	
	93	13,543	5,165	18,708	27.6%	278	1.5%	
	94	13,201	5,112	18,313	27.9%	265	1.4%	
	95	12,953	6,432	19,385	33.2%	213	1.1%	
事業構造整備期	96	12,858	7,362	20,220	36.4%	253	1.3%	
	97	12,859	7,736	20,595	37.6%	142	0.7%	
	98	12,651	8,996	21,647	41.6%	185	0.9%	
	99	12,457	8,989	21,446	41.9%	205	1.0%	立て直し
	2000	12,006	8,481	20,487	41.4%	109	0.5%	立て直し
	1	12,281	8,193	20,474	40.0%	109	0.5%	立て直し
	2	12,467	7,696	20,163	38.2%	109	0.5%	JKP
	3	12,545	7,655	20,200	37.9%	109	0.5%	JKP
	4	12,345	7,316	19,661	37.2%	102	0.5%	JKP
	5	12,523	6,869	19,392	35.4%	162	0.8%	
	6	13,002	6,717	19,719	34.1%	207	1.0%	
	7	13,315	6,478	19,793	32.7%	363	1.8%	

●バランス整備期② 共同購入センターなどビジョン実現へのインフラ整備

行政とのかかわり、福祉、組織運営などだけでなく、ビジョンの目指す方向を見据えて、共同購入事業の効率を高めるためにセンター（C）の整備を進めた。

自前の用地を取得できたことを活かし、96年度、宇部《うべ》東西2Cを統合し、宇部Cへ。97年度、下関東西《しものせき》2Cを豊関《ほうかん》Cへ統合。逆に岩国《いわくに》Cは、旧自前Cの作業効率が悪いため、賃借の新センターへ移設。98年度、周南《しゅうなん》の東西Cを統合。光《ひかり》Cと柳井《やない》Cを周東《しゅうとう》Cに統合。中部C統合、萩《はぎ》C新設と、旧ピッチである。

店舗投資も、97年度、うべ店、菊川《きくかわ》店を開設（上宇部店は閉鎖）。98年度、ほうふ店開設。うべ店は、1500㎡タイプで成功でき、同タイプで防府市に再チャレンジしたほうふ店は、苦戦のスタート。店舗投資は供給高が増加するが、共同購入センターへの投資は供給高が伸びるという性格ではなく、効率を良くするもの。

こうした投資の結果、供給高構造と収支構造は次のように変化してくる。表「事業構造整備期の前後の供給と損益構造推移」に明らかなように、96年度200億円を超えた年、店舗供給構成比は36％。

97年度、98年度と、それが高まるとともに収支構造に変化が現れ、経常剰余が、97年度から供給高比で1%を確保できなくなる。

●バランス整備期③　事業立て直し3カ年計画

そのため、99年度から2001年度まで、事業立て直し3カ年計画を展開。事業改善員会を設け、組合員意見を事業に反映させることからスタートした。

○共同購入、個配導入

98年度までに再編整備が進んだ共同購入センターの機能を活かし、99年度に準備し、2000年度から**「7地域41ブロック制」**が取り入れられた。

組合員活動の7地域制は継続し、センター運営を41チーム制にすることで、**共同購入の運営改革**の大きな一歩を踏み出した。00年度、商品センターを増設準備し、01年度、**共同購入の個別配達**を開始した。このことで、00年度までの年間供給高が低下傾向であったのが、増加に転じた。個の時代が進み、言われている「グループでまとまりにくくなっている」ことが立証された形である。

このバランス整備期における共同購入については、90年代を通して、171ページ「再生完了期～バランス準備期を通じて、90年代の共同購入」にまとめる。

●バランス整備期④　食の安全

00年度、「食の安全総合政策」を発表。県産原料シリーズの10品目の商品開発。運動面では、**「食品衛生法改正署名」運動**に取り組むなどを推進している中で、01年度、産直として組合員にもなじみの深かった**「ＪＡ中津下毛」（大分県）の表示偽装事件**が発生した。

経営不振からの脱出を終え、社会からの信頼回復に努めている最中の、「生協の食の安全」への信頼を崩す、ショッキングな事件であった。

●バランス整備期⑤　宮野店閉鎖とダイエー山口店跡への出店

00年度、国道9号線が県庁前を通るようになった、商圏変化のマイナス影響を克服しきれないで、赤字が続く宮野《みやの》店を閉店。この年、中心商店街の活性化のために、閉店した**ダイエー山口店跡の活用策**（市が資産を買い取り、キーテナントを誘致）が検討された。そして、**生協への出店の要請**があった。

事業立て直し計画の最中であり、宮野店を閉鎖した年だから、決して投資環境は良くない。かつて、山口店を開設したのはダイエーオープンの翌々年。その山口店を閉鎖した生協にとって、その直近の商店街にあるダイエー山口店は因縁浅からぬ店でもある。

楽観できる事業ではないことも分かった上での投資検討であったが、ビジョンに掲げた地域社会との共存という考え方の実践にとって、「市がオーナーになって、中心市街地活性化を図りたい中への出店要請」は、できることならば応えたいテーマであった。

00年度開設。商工会議所からも歓迎された事業に取り組めるようになったことは、生協の活動を規制せよと言われた時代、商調協で迷惑をかけた時代を振り返ると、感慨深いオープニングであった。全国紙で「衰退が進むローカル都市の中心商店街と生協」として紹介されるという、社会的に高い評価を受けた事業でもあり、生協事業と地域経済の関わりについて、示唆に富む事業であった。

●バランス整備期⑥　ＪＫＰ・事業構造改革プログラム（２００２〜２００４年）

事業立て直し3カ年を経て、改善できない事業収支、２０００年度からは、出資配当をできない決算になった。

損益構造を変えていく「ＪＫＰ3カ年計画」は、２００２年度から取り組んだ。その初年度、02年度方針の基調は、「組合員みんなが力を寄せあおうと思えるコープづくり」。ストレートに損益改善というようなテーマ設定にしていない。生協事業の収支は、組合員に支持される事業ができたときに、はじめて良くなるという考え方が、基本に据わってきたということであろうか。

このＪＫＰ期、共同購入の運営改革が進んだことの効果が大きかった（次ページ「再生完了期〜バランス整備期を通じて、90年代の共同購入」参照）。

いずみ店の食品売場の拡張リニューアルと合わせ、湯田《ゆだ》店は食品マーケットでの存続が困難なことから、ブックセンターに業態を変更した。03年、新下関店改装、徳山《とくやま》店を移転新築。旧店舗はテナントに賃貸。この年、きくがわ店閉店。翌04年、ほうふ店閉店。

こうした事業立て直し3カ年、事業構造改革プログラム3カ年の取り組みで、２００６年度、経常収支が、供給高比１％をクリアできるところまで回復できた。

●バランス整備期⑦　ＪＫＰの最中の創立40周年

01年度、常勤役員の体制に大きな変動が起きた。ＮＭＣ中計、事業縮小、６中計、90年代ビジョン等の流れに絶えず事務局機能を果たしてきた栗崎勇二《くりさきゆうじ》常務が、専務理事に昇任が予定されていた総代会の直前に亡くなった。その年度の総代会での執行体制の変更は実施できなかった。

そして、創立40周年の２００３年度の総代会で、理事長が有吉政博《ありよしまさひろ》に、専務理事が岡崎悟《おかざきさとる》に代わった。**職員からの登用による初の理事長**であり、そういう理事長交代ができるようになったことは、大きな時代の変化を感じさせた。

出資配当が実現できていない時期でもあったが、40周年は、記念事業として、創業の地である小郡《おごおり》店の横に、コミュニケーションセンター**「はぁもに～♪」を開設**したほか、祝賀会を開催し、この間にお世話になった方々への、謝意を示すものであった。

ともあれ、04年度出資配当は実施できた。

●再生完了期～バランス整備期を通じて、90年代の共同購入

内容的に重複する面もあるが、「バブル崩壊後、元気な組合員組織づくりと連携した共同購入の運営改革が進んだ」という内容で、その指揮を取ってきた岡崎理事長（当時専務）のまとめを以下に掲載。この文章は、153ページで前述した「再生懸命期② 共同購入事業の飛躍的発展」に続く時期を説明している。

80年代、共同購入は県内全域をカバーできるセンター配置を終え、供給高で89年度には、100億を超える事業へ急成長を遂げた。

91年には、柳井《やない》センターを設立。92年度には、農産加工センター、山口センターの新築開設。創立30周年を迎えた93年度には、商品名を記入したOCR注文シートに切り替えるなど改善を

積み重ねて、供給高はピークの135・5億円に達した。

しかし、バブル経済の崩壊とその後のデフレ不況、金融不安などから日本経済は混乱、消費も冷え込み、その後、供給高は2000年度の120・6億円まで減少した。

一方、バブル経済以後、「個」が叫ばれる時代になり組合員の「班」離れも進んだ。そんな中、94年度には班からグループへ名称変更。95年度、グループ長会も年2回の運営に。組合員活動では〝やらされ感〟が議論され、県内統一的な活動の在り方から、自主自発的な活動を積極的に進められるようにと、97年度には県内を7地域（下関《しものせき》、宇部《うべ》、中部、北部、周南《しゅうなん》、周東《しゅうとう》、岩《いわ》国《くに》）13ブロック（各ブロック理事1名、地域組織員3名を選出）に分けた組織運営を目指し、地域組織委員会が発足、地区別総代会から地域総代会に名前を変えた。

供給高が減少を始めた94年度以降は、センターの狭小対応と運営の効率化、組合員の利用拡大と一人利用高アップ、共済の元請け事業開始と加入者拡大が大きな課題になった。

94年12月には、10万件加入を目指したCO・OP共済《たすけあい》の元受事業を開始。96年に、宇部東センターの拡張統合を皮切りに、98年度にかけ、7地域に対応したセンターの再配置を進めた。97年には、下関（下関東西センター）統合、岩国センター新設、98年には中部センター統合（山口・防府）、周東センターの新設統合（光《ひかり》、柳井《やない》）、組合員要望を受けて萩《はぎ》デポを設置し12月萩センター新設、7地域に対応した8センター設置を完了、センターの狭小化に対応しつつ地域組合員活動の拠点を設置し、センター運営の効率を改善する基礎が出来上がった。また、97年には、商品センター増築、事務所棟を設置、99年度、電話ＦＡＸ注文、事業所受け取りグループを開始した。

98年度に、７地域・８センター配置が完了した後、センター長が、各地域の組合員活動の事務局を受け持つことになった。そして、99年度には、くらしにより身近なところで自主的な組合員活動が進められるように、13ブロックをさらに41ブロックに細分し、そのブロックごとに１名の地域組織委員を選出、ブロック内のコープ委員会、くらし・まちづくりネットなどの自主活動を活発にしようとの取り組みが検討された。

それに呼応するように、１９９９～２０００年には、41ブロックに対応した配達コースに再編し、41チームを編成して、チームリーダーがブロック事務局を務めるなど、ブロック単位の事業と組合員活動の連携を模索。80年代後半の成長を支えた、「職員組織・組合員組織が一緒になって共同購入事業と運動を共に支えあっていく組織運営」への発展的な回帰であり、個人配達開始をにらんだ、その後のセンター運営につながるものであった。

その翌年の01年度には、システム改革で進めてきた個人別セットが、全面稼働を始めた。６月に個人別配送がスタート。利用人数が１０３％伸びて、供給高は１２２・８億円（前期比１０２％）と伸張し、94年以降の供給ダウンに歯止めが掛かった。

さらに02年度には、商品センターの隣接地に情報システムセンターを開設、受注システム（新電話／ＦＡＸシステム、ＯＣＲシートの両面印刷）の第２次改革を進め、創立40周年を迎えた

03年度は、メインの食品カタログ（『りらいあんす』）の増ページと雑貨の別チラシ化、農産品のアイテム増、お届けのリードタイムの短縮と個人別ピッキングなど、矢継ぎ早のシステム改革を断行。個人配送を本格的に受け入れて共同購入のさらなる成長を実現し、購買事業の黒字を確保しようと悪戦苦闘をした時期でもあった。

4年間の出資無配の時期を通り、復配できた04年度には、コープ中国連帯の協議が再開した。90年代後半期から2000年代初頭は、近隣の生協も、93年度をピークに共同購入事業の縮小に頭を悩ませ、共同購入事業の改革に連帯は不可欠との認識になって、連帯協議は加速していった。

05年度には、10月に中四国9生協の事業連帯「コープCSネット」が設立された。一方コープやまぐちでは、2010年度までの中期計画「Design 2010」が策定された。宅配事業では、06〜07年度にかけて「組合員満足の追求とさらなる成長」を目指して運営改革を進め「7支部・10センター制」を確立した。07年度新たに、周南《しゅうなん》西・厚狭《あさ》センター、組合員サービスセンターを開設している。さらに07年度には全国の生協に先駆けて夕食宅配事業がスタートした。

Ⅶ．共存模索（Design 2010）期

2005～2012（H17～24）年・43～50期

●〝食卓に笑顔を！〟のデザインテーマを掲げ、地域社会から認められる運動・事業へ！

〈組合員の願い持ち寄って〉 40周年（03年度）に組合員から「こうあって欲しい私の生協」のメッセージを募集、その寄せられたメッセージを、組合員による〝のぞみ委員会〟で、次のようにまとめた。

①人と人とのつながりや助け合いの心を大切にし、正直であることを貫く、信頼のおける生協。
②組合員一人ひとりの想いを大切にし、組合員の声が常に活かされる生協。
③くらしの状況が変わっても、食生活を中心にいつも頼りになる存在であり、より良いくらしに役立つ生協。
④平和とより良いくらしの実現を第一に、組合員がそれぞれのくらしからの願いを持ち寄って、自由に楽しく活動することのできる生協。

⑤行政や地域とのつながりができ、社会の中で認められる生協。

２００５年度、こうしてまとめられた組合員の願いを実現すること、変化の激しい社会を見据えて、コープやまぐちの近未来をどのように築いていくのかを、〝**食卓に笑顔を!!**〟を**テーマにした「Ｄｅｓｉｇｎ ２０１０」として策定**した。「90年代ビジョン」「ＣＯＯＰ ２００１ ＰＬＡＮ（90年代ビジョン後半期目標）」につぐ、ビジョンは、「Ｄｅｓｉｇｎ ２０１０」とネーミングされた。

人口減少社会での生協には、住み良い地域づくりへの役割発揮が求められると想定し、そういう社会的役割発揮と、〝のぞみ委員〟のまとめに表現された組合員の願いの実現は、経営の健全化なしには実現しないことから、生協運動は、ますます難しい時代に入ったと認識。そういう認識の上で、**山口県民のくらしになくてはならないと言われる生協を目指す**」と**宣言**した。

一方、人口減少と超長寿社会で、生協の事業環境は予測できないほど激しく厳しい方向に変わるであろう。現在の力量の延長では、夢を語れるどころか、油断すれば存在すら危うくなる状況であり、「Ｄｅｓｉｇｎ ２０１０」は、改めてその10年後くらいに県民の過半数の加入を得るために、「体力を築く期間」とも述べている。そうした認識のうえでも〝**チャレンジ**〟**が大切と、赤ちゃんサポート、夕食宅配、県立大学との「私らしく生きる生き方講座」の共催、ボランティア団体支援の「女性いきいき大賞」の創設、県内全世帯への年数回の広報紙の配布など、新しい取り組みも次々と展開**した。

このように、「Ｄｅｓ·ｉｇｎ ２０１０」に掲げた〝**食卓に笑顔を!!**〟のテーマに「地域社会へ少しでもお役立ちできる組織に」という長年の願いをのせた展開ができてきたことがうれしい。

長年の連帯活動の準備期間を経て、05年度、生活協同組合連合会コープ中国四国事業連合の設立ができた。何よりも、積年の組合員の運動の蓄積で、金融機関からの借り入れを返済し、**実質無借金**（組合債が一部残る）**経営**にすることができた。

●共存模索期①　新しい取り組み　赤ちゃんサポート、夕食宅配

赤ちゃんサポート事業（05年度開始）を初めて提案した地域総代会での反応は、予想外に、育児を終えた世代の方々からの共感であった。出産・育児を応援しようという制度で、満1歳までの赤ちゃんへのサポート商品の毎週1品の無料提供や、配達料免除などを実施。現在は、育児情報の提供や交流の場の提供などにも取り組んでいる。明るい前向きの事業、社会的に役割発揮ができる運動や事業に取り組めるように変わっていくこの時期、次のようなことを開始した。現在７６８２名が会員、２０１２年度新たに３９１１名登録し、県内年間出生人数比34%。

夕食宅配（組合員の自宅まで届ける配食事業・07年度開始）は、配食を有償ボランティア的

に、自分でご近所のお世話をしたという方に依頼し、その方々が生協のセンターまで受け取りに来て、自分の車で登録メンバーまで届けるという仕組みで、現在配送スタッフ130名で、およそ5000食を配食するまで広がった。

●共存模索期② ボランティア支援「女性いきいき大賞」新設

「女性いきいき大賞」は、「女性が中心となったボランティア団体の表彰、奨励制度。コープやまぐちが主催し、県と報道機関が後援。06年から開始。4つの分野別に優秀賞(朝日新聞社、山口朝日放送、山口新聞社各社賞)、最優秀には県知事賞で表彰。生協は、活動費に使えるように副賞と、分野別に奨励賞を出す。

第7回までの、延べ受賞団体は、県知事賞は地域づくり分野1、子育て支援分野4、福分野祉2の計7団体。優秀賞は、地域づくり分野5、少子化対策分野1、子育て分野2、健康福祉・食の安全向上分野1、福祉分野5、くらしづくり分野5、地域活力・文化向上分野2の計21団体、奨励賞は、地域づくり分野5、少子化対策分野1、子育て分野5、健康福祉・食の安全分野1、福祉分野10、くらしづくり分野3、地域活力・文化向上分野1の計26団体、合計54団体の活動を表彰し、奨励してきた。

同時に組合員活動の中で進む、テーマグループなどからの応募や推薦で、組合員奨励賞も出し、地域づくり分野7、少子高齢化分野1、子育て分野7、福祉分野5、くらしづくり分野1の合計21団体（グループ）の活動を奨励。遅れてスタートした学生の部も、近年応募が増加してきた。

受賞団体と組合員の交流が始まったり、受賞団体の交流会で経験交流がなされるなど、受賞を契機に活動の広がりが生まれるようになったことは、うれしい効果といえよう。

●共存模索期③　県立大学と「私らしく生きる生き方講座」開設など

私らしく生きる生き方講座（県立大学に共催いただき、組合員向けに大学の先生がさまざまなテーマで講演学習会を開催、10年1月開始）は、参加者からも有意義と喜ばれ、組合員からも地域社会からも、コープらしいと受け入れられ、定着しつつある。初年度（09年度）、県内2カ所、4講座、149名参加。講座数と述べ参加者数は、38講座、延べ1637名。

情報紙『くらしやまぐち』を年3回、県内全世帯に配布。総代会の後の生協の年間の事業報告、さまざまな運動参加の呼び掛け、生協事業の紹介と利用呼び掛け等を、タブロイド版2～4ページで、年3～4回、県内全世帯にポスティングすることで、情報提供で認知度を高めることと、運動の広がりを目指している。通巻22号（2013年7月）まで発行。

●共存模索期④　生協連合会コープ中国四国事業連合（CSネット）創設

中国四国の事業連帯が進み、生活協同組合連合会コープ中国四国事業連合（CSネット）の設立（05年）で、単独ではできない宅配事業の利用システムづくりと、インフラ整備が進められた。宅配事業の商品案内、宅配商品のセットセンター、インターネット注文、エコセンターなどの機能を統合してきている。

その中の組合員サービスセンターは、2011年、コープやまぐちの商品センター2階に設置。中国5県の組合員の問い合わせに対応し、そこから情報を即座に担当にメール配信するなどの機能を有するセンターとして、オペレーターが203名勤務する。

●共存模索期⑤　JAとの提携で社団法人を設立、商品検査を共同運営

商品検査センターは、「出荷前農産物の自主検査体制を確立したい」JAグループからの申し出で、全国でも初めてで唯一、生産者組織と消費者組織が協同で、社団法人で運営する「食の安心・安全研究センター」に発展させ、協同運営している。旧センター（山口市小鯖《おさば》）の施

設を、新本部の敷地内に、本部事務所の開設に先駆けて開設（05年度）した。

●共存模索期⑥　地産知食の運動と、産直事業

生産者との提携は、店舗では、71年度の阿東《あとう》町生活改善グループの店頭での直売を皮切りに、共同購入では、農産物は極力生産者組織と直接の産直活動で進めてきている。国の音頭で「地産地消」が言われだした中、その運動について、消費者の運動とするには、生産の状況や生産者のこと、作物のこと、食べ方などを「知ること」が大切であり、地元で取れたものを知って食する運動という意味で２０１０年から「地産知食」とネーミングして、運動展開した。

事業としての産直活動は、生産者（組織）との信頼関係がベースにあるものの、それを生産側が約束すること、生協が生産者側に約束することを、組織間で明確にしていくために、産直協定を結ぶことにした。２００８年12月、「鹿野《かの》ファーム」「ＪＡ全農ミートフーズ」と締結以来、２０１３年６月末までに35品目、21生産者と協定締結。

●共存模索期⑦　消費者運動、平和運動など他団体とのタイアップ

県消費者団体連絡協議会は、引き続き事務局団体を担っている。この期に、消費者ネットワ

ーク設立への参加など、消費者運動への役割発揮を継続。

平和運動では、83年の平和行進以来、毎年の反核平和の運動に取り組んできた。被爆者支援センターゆだ苑ともタイアップし、多くの組合員の参加で、被爆者へのひざ掛けを贈る運動や、平和の折り鶴を9月6日の山口のヒロシマデーに合わせ、中心商店街に飾り、市民に平和の尊さを呼び掛ける運動などに、継続的に取り組んできた。

近年、地方自治体との関わりで新たな運動を構築しつつある。市民5団体でのピースアクションョン実行委員会の中心になり、「平和市長会議」への加入を呼び掛けてきた結果、広島県に次いで二番目に県内全市町長が加盟。それを契機に市長、町長さんに参加いただき「ピースフォーラム」を開催できるようになった。山口版平和市長会議としてのパネルディスカションなど、市民運動と地方自治体の首長さんの協同の取り組みは、新しい形の平和運動と言えよう。

●共存模索期⑧　国際協同組合年『志士の風雪』

２０１２年は国際協同組合年。山口県実行委員会では、山口県らしく、明治維新の元勲であり、協同組合法制定に役割を発揮した品川《しながわ》弥二郎《やじろう》の歴史小説化を行い、地元新聞に週１回連載するなど、県民への協同組合の歴史と役割に関する認知を進めた。

●共存模索期⑨　厚生年金休暇センターを取得、COCOLAND事業を開始

COCOLAND事業の成否は、まだまだ予断を許さないが、厚生年金休暇センターを取得した事業は、世間の関心を呼んだ。生協が取得したことは、地元からも歓迎された。

09年、競争入札による売却が発表された。総面積5万8000坪、建坪およそ5000坪。ホテル、老人ホーム、スポーツ施設の広大な施設であり、宇部市《うべ》ときわ湖隣地にある。条件は、老人ホームを5年間続けること、同時に発表された宇部市の方針は、宿泊とスポーツ施設を継続できれば固定資産税を3年間70％免除。要するに、行政の考え方は、既存施設と機能を維持することを歓迎するというものであった。

施設を所有すれば、組合員にとっての利用価値が高い総合施設であり、老人ホームは、福祉生協さんコープがかねてから持ちたいと言っている機能の一つである。「スポーツ施設（体育館、レジャープール、テニスコート、ゴルフ練習場）は、㈱コープサービスに、老人ホームはさんコープに、そして、ホテルは、ホテル業者とタイアップして子会社を設立し、所有できたら生協は3社に賃貸する」という構想で、入札に参加、落札することができた。

09年度11月、それぞれが営業を開始した。さんコープは、その老人ホームに介護関連施設（デイサービス、ケアマネジャーとヘルパーの駐在する訪問介護事業所・居宅介護事業所）を設置

し、新しい事業が展開できるようになった。

スポーツ施設は、テニスコートはフットサルコートに変更。ホテル運営会社㈱ＣＯＣＯＬＡＮＤは、提携先との契約を解消し、自前運営に切り替え、単年度で赤字解消に今一歩の状態にある。利用された方々からは、良い評価を受けることができるようになってきたので、今後、組合員の生活にとって利用価値の高い事業になることが期待できる。

●共存模索期⑩　商工会議所の役員、県や市の各種委員など

２０１０年度、理事長が山口商工会議所の副会頭を仰せつかった。これは、生協にとって全国的にも例が少ないだけでなく、過去の歴史を振り返ると、そうしたお役目を頂戴できるようになったことは感慨深い。この間の地域との共存の姿勢が認知されたものといえよう。

また、県や県内各市の、各種審議会や委員会などのお役目もいただいてきた。そのうちの一つ、県の食の安心安全審議会の11～12年度の会長を、理事長が仰せつかったが、これも異例であり、この間の運動が認められたものといえよう。

このように「地域社会との共存への模索」は一歩一歩と進みつつある。

●共存模索期⑪　実質無借金経営にできた

本部事務所の移設

本部事務所は、流通センター内に資産を求め（04年度）、２７００坪の土地に、既存の建物を改修、約７００坪の事務所（06年度移転）で、会議研修室なども十分に配置できた。

名実ともに、組合員の共有財産に！「借入金をなくすことができた」

２００７年、制定以来初の生協法改正が行われた。共済の元受返上などの対応が必要であった。

減損会計など、改正される会計ルールへの対応のために不動産管理子会社㈱ＣＲＤを設立し、資産の一部の譲渡なども実施。環境マネジメントシステムＩＳＯ１４００１の取得なども進め、経営組織の健全性に努めた。

そうした中、09年度、金融機関借入をなくすことができ、借入金に表記する組合債は一部残るものの、「実質無借金経営」に到達できた。

48回総代会理事長あいさつでは、「財務構造は一人前になった！」と宣言し、47年間、数限りないほどの多くの方々に積み重ねていただいたご尽力に、感謝申し上げた。

Ⅷ．さらなる半世紀（いま、これから）期

2013（H23）年～・51期～

●安心の居場所を作り続けられる生協であるために

これまでの半世紀は人口増加であり、失われた20年ともいわれ、デフレ経済も進行したが、ともかく、まだ経済はそんなに劇的に縮小はしていない。これからの世界を予見はできないが、グローバルな経済や地域間競争の仕組みづくりなど、大きな転換点にあるような感じがする。世界人口は増大し、食料不足も心配される。

そうした中、わが国は、人口激減・少子超長寿社会に入った。とりわけ山口県は、人口減少率は全国6位、65歳以上年齢構成比は全国4位など、その分野で先進県である。現在、140万の人口が、2035年には110万に減少するという推計がなされている。

組合員数18万は、単純計算で14万に減少する。小さくなるパイを巡って、既存事業だけでなく、例えば、ネットスーパーなど新たな業態も加え、消費者獲得競争はさらに激しくなる。市場占有率は維持できたとしても、200億の事業規模は157億に減少する。獲得競争に後れ

を取ると、生協事業は激減の危険性をはらんでいる。

一方、〝買い物弱者〟などの問題を抱える、生活に不便な地域があったり、独居のお年寄りが増えるなど、社会的にその対応策が求められている。子育て世代や長寿の方々への支援など、社会的弱者に対する生協の役割発揮は、今以上に求められる。

そのためには、事業・経営の安定的な運営が欠かせない。人口減少・超長寿社会というこれからの時代、コープやまぐちが、どのように運動と事業を展開できるのか？ まさに「生協の存在価値」が問われている。

2011年に制定した「DESIGN 2015」では、事業と組合員活動で、人と人とのつながりを強め、お互いの信頼関係を築き、安心してくらせる地域社会づくりを目指し、「**信頼の社会形成への絆づくり**」をテーマに掲げた。やや具体的イメージは、組合員が知恵と力を持ち寄って、さまざまな「ささえあう運動が進み、他の団体や行政などともネットワークを組み、連携できるような姿」といえようか。今、「おたがいさま」活動が準備されつつある。さんコープの福祉助け合いとも相まって、そうした運動を切り開いていただきたい。

組合員の運動が進めばなおさら、安心・安全への願いを基礎に、「安心してくらせる地域社会づくり」の一翼を担えるコープの事業が、支持信頼を寄せられることが大切で、そのために、宅配事業も、店舗事業も進化し続けることが求められる。協同事業の新しいあり方は、さぐり続けなければならない。

その結果、組合員と職員の力の結集として「健全な経営」が維持できる。２０１３年度総代会で確認された「安心の居場所」づくりとは、そういう運動と事業の総和として、健全な経営とともに目指す姿でありたい。

２０１３年、総代会で理事長は有吉政博《ありよしまさひろ》から岡崎悟《おかざきさとる》に交代した。活路を切り開くリーダーシップが期待されている。

50周年記念の事業は、「さらなる半世紀に」発展し続けるコープやまぐちの萌芽を、確信できるものにしたい。

●さらなる半世紀へ①「ＤＥＳＩＧＮ ２０１５」でこれからめざす姿

Ⅰ）基本的な方向性

これからのめざす姿を、〃人と人とのつながりの持つ、さらなる可能性を引き出すため、新しい「信頼の絆」づくりを追い求めます〃と整理、

Ⅱ）２０１５年までの課題と目標

〃県下21万世帯を結ぶ、安心の事業ネットワーク構築をめざします〃

Ⅲ）各分野別に目指すこと

①社会的役割発揮、地域社会づくりへの参加

〝生協の事業や活動を通じて、地域の絆づくりをすすめ、安心してくらせる地域社会づくりのために役割発揮します〟

②組合員活動と組織運営

〝組合員自身が主体的にすすめるくらしの助け合い、学びあい活動や商品を真ん中においた地産知食運動などを充実させ、事業活動とも連携して元気な組合員組織づくりと活動を目指します〟

③店舗事業

〝事業の健全化を目指して新店開発や人材育成などの活性化投資を進めながら、利用する立場にたった「買い場」づくりを基本にして、他にぬきんでた「おいしさ」「やさしさ」「楽しさ」を徹底して追求し、より高い組合員満足を実現していきます〟

④宅配事業

〝県内全域をカバーするライフラインとしての機能強化と事業革新、内部組織強化でくらしに役立つ事業を追求し、生協全体の事業の柱として発展し続ける事業をめざします〟

（以下、共済、経営監理、内部組織などは略）

●さらなる半世紀へ② 50周年記念事業として

新たに店舗事業において、NSCの開発、コンビニチェーンとのコラボによる超小型店の開発計画が進んでいる。

また、移動店舗の事業は、国の買い物不便地域への対策事業で、補助金の申請も行いながら、増車が計画されている。宅配事業と移動店舗が、それぞれの強味を活かしながら連携して、県内隅々まで日々のくらしに必要な商品サービスを提供できるようにしていくという具体化が、一歩一歩と進んでいる状況と言えよう。

新しい視点で取り組み、50周年にあたって記念出版できる「郷土食」の伝承は、これから運動として進めることに大きな期待が寄せられている。

●さらなる半世紀へ③ 番外編 50年の歴史から学び大切にし続けてほしいこと

私（有吉）は、生協設立から7年目の春（山口店開設の前年）に就職し、組織づくりや共同購入の開始、組合員組織の運営や広報活動、石油パニックの頃には消費者運動にもかかわらせていただくなど、生協の歴史と関わる多くの経験をさせていただいた。

経営問題の中心に関わるのは、83年度の6中計のプロジェクト委員長以降である。翌84年、共同購入部長兼務の常勤役員会議長、85年統括部長、85年常任理事1年、常務8年、専務9年、理事長を10年務めさせていただいた。

44年間の在籍、うち役員歴28年間という経歴ですので、50年の歴史をまとめるのは私の役目と思い、本文章は、「バランス整備期」「Ｄｅｓｉｇｎ ２０１０期」の宅配事業の運営改革については、直接指揮をとった岡崎悟《おかざきさとる》理事長に執筆願ったが、それ以外は、基本的に私が記録をひもときながらまとめた。

振り返り、まとめながら、「よくぞここまで到達できた！」と思うとともに、これからの世界の方が、ほんとうに困難だと思った。本文で展開した内容の繰り返しになるが、「人口減少、少子超長寿社会、グローバリゼーション、寡占化が進み、生存競争がさらに激しくなる市場経済の中で、生活者の協同を基本にした事業体が、協同による優位性を具現化でき、真にライフラインとしての事業価値を発揮でき、存続し続けることができるのか」という大テーマで考えたときに、本音で「むずかしい」と思う。

しかし、いついかなる時も、「生活」はより豊かさを求め、くらしのニーズがなくなることはない。助け合いの組織の真価が問われる時代でもあろう。生活者の協同を基本においた組織だからこそ、その時々のくらしのニーズにもとづき、積み重ねてきた「協同」を基本においた事業を、そうした時代であるからこそ、知恵と力をだしあい、一歩一歩と成長させていきたい。

それができる組織だと思う。
迷惑もかけてきたが、大きな困難を克服してきた先人を持つことを、私たちは誇りにしたい。今後も、この**困難克服のＤＮＡ**は持ち続け、そして、**困難に至った時は、「原則的に正面から考える」**ことも大切にしてほしい。臨時総代会前の福田繁《ふくだしげる》さん（元日本生協連専務）の「間違うなよ、原則的に！」の言葉は、公認会計士でもあり「会計的にも、経営的にも、運動論的にも、原則的に」であった。原則的とは、「真実（ごまかしでなく）、誠実（精一杯できうる限り）、真理（理がかなう方策で）、公平（組合員、従業員、お取引先、関係者すべてに目を配り）、公正（社会的な視点で）」といったことになるのであろうか。協同組合の基本的価値も、大原則と思われる。
本文章をまとめる中で、自身ができていないことを棚に上げて、思ったことである。

〈協同組合の基本的価値〉

１９８８年のＩＣＡ大会で、当時のマルコス会長から「協同組合の基本的価値」の提起があり、参加、民主主義、正直（誠実）、他人への配慮の４つが提案され、１９９２年の東京大会では、さらに論議を発展させ、組合員のニーズに応える経済活動、参加型民主主義、人々の能力の発揚、社会的責任と環境に対する責任、国内的・国際的な協力の、５つの基本的価値が確認されました。

〈郷土食の伝承〉

50周年記念事業の一つとして、「郷土食の伝承」運動に取り組んでいる。山口県は、瀬戸内側、日本海側、内陸部と分かれる地勢に加え、歴史的に分散的に都市が分布する地域構造が形成されたことにより、幾つかの生活圏域が形成された。生協の活動も、7地域に分けて運営されている。そのそれぞれに伝わる料理を、掘り起し、今後に伝える運動として、『伝え合うおいしいやまぐち　現代に生かす伝統食』（2013年10月刊、コープやまぐち組合員活動部）を発刊。料理教室などの取り組みも期待されている。

日本の生協の歴史とコープやまぐち

齋藤嘉璋

□貴重な旧小郡生協の歴史（50年代）

コープやまぐちの50年の歴史の前史として、旧小郡《おごおり》生協の14年の歴史があります。日本の生協は、戦後の混乱期に暮らしを守る砦《とりで》として、〝雨後のたけのこ〟のように多くの町と職場に設立され、「戦後第1の高揚期」となります。しかし、生協法が施行された1948年の翌年には、ドッジライン＊1による経済引き締め策が採られ、勤労者の暮らしや中小企業の経営が苦しくなり、生協の倒産、解散が増えます。47年に6500組合を数えた全国の生協は、50年には1130組合に激減しますが、ちょうどそのような時、49年に、国鉄労組を基盤に小郡生協が設立されます。

終戦直後に設立された多くの生協が解散したあとに、地域の労働組合による地域生協づくりがはじまり、1950年代は「戦後第2の高揚期」となります。その中心になった地域勤労者生協は、鳥取、大分、山形などから全国に広がります。小郡生協はそれら地域勤労者生協に先駆けて設立された勤労者生協ですが、地域に店舗を持ち、町の住民の暮らしを守るために奮闘し、その活動は全国的にも注目されます。小郡生協の設立と運営に国鉄労組幹部として中心的な役割をはたした藤村節正《ふじむらときまさ》さん（初代山口中央生協理事長）は、51年に創立された日本生活協同組合連合会（日本生協連）の理事に、その創立時に選出されます。

この時期は労働運動の高揚に支えられ、地域勤労者生協と併せて炭鉱生協や労働金庫、労済生協などが誕生しますが、一方で商業者による反生協運動も激化し、商業の近代化――〝流通革命〟も始まり、生協は新たな試練に直面します。小郡生協は、当時としては大型店を運営していた鳥取西部生協（１９５０年設立）に学び、店舗のセルフ化もします。鳥取西部生協の店舗は小売商から注目され、その後、全国に広がる生協規制の材料にされましたが、まだスーパーマーケットとしては未完の大型店でした。小郡生協はそのように店舗セルフ化などの試みをしますが、事業経営は悪化していきました。60年前後に多くの地域生協が倒産、解散に追い込まれますが、小郡生協も63年に倒産状態に陥ります。

しかし、〝山口に生協の灯を消すな〟と、藤村さんたちは新生協・山口中央生協を設立します。新生協は実質上、旧生協の負債を引き継ぎながら、灘《なだ》神戸生協（現・コープこうべ）の協力を得るなどして、消費者・地域住民のための本格的な生協運動の再建を目指しました。多くの地域勤労者生協が、労組依存の運営のまま消費者・地域住民の組織になりきれずに解散していったなかで、注目される再出発でした。

□〝くみあいマーケット〟への挑戦と家庭会活動（60年代）

１９６０年代の日本経済は高度成長が続き、工業の発展と都市化、〝大量生産大量消費〟のもと、〝流通革命〟〝消費革命〟が進みました。50年代に始まった地域勤労者生協などの設立もありましたが、情勢変化に対応できない生協の後退・解散も目立ちました。消費者運動や住民運動も広がり始め、60年代後半から新しい市民生協づくりも始まります。

50年代の地域生協の後退は、組合員参加の組織づくり・運営が進まず、事業面では、近代化〝流通革命〟に対応できなかったことが原因でした。

山口中央生協は、生協の中では最も早く店舗のセルフ化など近代化に取り組み、62年に合併して力をつけた灘神戸生協の協力を得て「くみあいマーケット小郡店」、「くみあいマーケット防府《ほうふ》店」を出店します。日本生協連では、50年代後半から店舗のセルフ化など近代化の課題に取り組み、60年代に入るとスーパーマーケット研究会などを開催しますが、まだ実践例は少なく、山口中央生協の試みは、灘神戸生協に次ぐものとして注目されました。

山口中央生協は、設立発起人に地域の婦人会の役員などが参加して、消費者・地域住民組織として設立されますが、64年には小郡店を中心に家庭会を発足させます。家庭会は灘神戸生協から学び、商品や料理など各分野の活動を進めますが、防府店もふくめ家庭会メンバーを中心に運営委員会をつくります。店の運営を中心に生協の運営に女性組合員が参加することは、かっての労組依存の生協では出来なかったことでした。そのように組合員の活動参加が進むなかで、当時、諸物価の高騰も続き、生協は物価値上げ反対闘争などに取り組み、山口県での消費者大会などで大きな役割をはたします。

家庭会は女性組合員活動家による組織でしたが、そうではなく、すべての組合員を対象にした班組織づくりが山形の鶴岡《つるおか》生協で始まり、同生協は61年に「班は生協の基礎組織である」と位置付けました。山口中央生協と同様に経営破たんし、再建に入った横浜生協（その後、コープかながわを経て、現・ユーコープ）は「活動の基礎は家庭班とする」と位置付け、その活発な組合員活動で再建を成功させ注目されました。

そのようななかで、山口中央生協も家庭班づくりに取り組みますが、なかなか実現できず、班組織が生協全体に広がるのは70年代になってからでした。

❏〝成長期〟――全国的に発展期（70年代）

１９７０年代は不況のなかでインフレが進み（スタグフレーション）、74年にはモノ不足パニックが起きるなど、消費者の暮らしは厳しい状況でした。そのようななかで、全国的に新しい生協づくりが進み、全国の地域生協組合員は、70年の80万人が90年には２９０万人に急増します。日本の生協としては初めて迎える本格的な発展期でした。それらの新しい市民生協は主婦層を中心に組織し、班を基礎に「出資・利用・参加」の運営を重視し、コープ商品や産直を育て、共同購入を軌道に乗せながら大きな発展をみせます。

山口中央生協は、70年に県内随一の大型店（ショッピングセンター）を出店し、その後も73

年から76年の間に7店舗の出店を続け、78年には10店舗になります。牛乳から始まった共同購入も、71年から月2回に発展させ、班づくりと班会、班長会の定着などを進めます。組合員数と供給高は、70年度の3５３００人　9・9億円から75年4６７００人　35・5億円、78年5８４００人　64・1億円と、組織も事業も拡大を続ける成長期でした。

組合員参加の商品づくりや産直商品の開発などを進め、物価高とモノ不足パニックといった状況のなかで、社会的に期待・注目されるさまざまな活動を展開しました。75年に県消費者団体連絡協議会を結成、その事務局を担当するなど、全国消団連と連携しての取り組みを強めました。

中国地方では広島県で、後に生協ひろしまとなる県婦人生協（ひろしま県民生協を経て、現・生協ひろしま）が71年に設立され、岡山県では岡山生協が倒産しますが、74年からその再建活動が開始され、四国では香川県労働者生協（現・コープかがわ）が労働者生協から市民生協へと転身を図り、74年にえひめ生協が発足します。

新生協づくりとその発展は東日本が先行し、中四国をふくめ西日本は（京都などを除き）一歩遅れていました。そのようななかで、70年代中ごろには組合員が5万人を超え、供給高が50億円という規模の山口中央生協は、灘神戸生協についで西日本を代表する生協でした。

□経営危機と再生への歩み――全国的には飛躍的発展期（80年代）

70年代にこれまでにない拡大成長をみせた日本の生協は、80年代も引き続き発展を続けます。地域生協づくりの動きも続き、組合員は80年の292万人が85年575万人、90年916万人と10年間で3倍になり、事業高も80年6758億円、85年11883億円、90年21592億円と拡大します。員外利用規制など生協規制の嵐が吹くなか、全国の生協は組織の拡大強化を進め、組合員が主人公の運営と活動を強めました。

共同購入を中心にする新設生協の誕生・拡大と、共同購入事業がOCRや物流システムなどの整備のなかで業態として確立したことで、その事業高は87年には店舗供給高を超える規模になります。店舗事業は出店に反対する生協規制の動きの激化もあり、小型店が増えたこともありますが、80年の676店が90年に1311店と出店は続きました。しかし、供給高は店舗数の増加に比しては伸びず、店舗の損益構造は改善しない状況でした。

このようななかで、50年代に設立された地域勤労者生協の経営困難も目立ちました。84年、鳥取西部生協が経営破たんし、鳥取東部生協が支援しますが翌年「和議」になります。北海道中央市民、飯田《いいだ》、飛驒《ひだ》、七尾《ななお》などの各生協も経営困難になり、日本生協連は83年に「全国連帯基金」制度をつくり、それら生協への指導・支援を進めました。経営困難の多くの生協は店舗経営の未熟や組織運営の欠陥などがあり、日本生協連は、店舗のあり方論や組合員組織や機関運営の強化を提起していました。

山口中央生協は79年、80年と出店を続け、店舗は12店となり、81年には念願の供給高100億円を達成します。しかし、大手チェーンとの競合激化のなかで店舗損益は悪化し、81年、82年と大きな赤字を発生させ、拠点店舗・山口店をリースバックし、さらに5店舗をイズミヤ㈱の協力で設立したサンやまぐち㈱に移行するという荒療治をします。灘神戸生協やイズミヤ、取引関係などの協力あっての処置でしたが、20年の歴史の中で培われた信頼があってのことでした。

生協は事業規模を縮小し、出店で拡大を優先する路線から小型店と共同購入による路線に転換し、「組合員組織に依拠した生協運動と事業の確立」を目指すことになります。そのための「組合員組織の再構築」では班づくり・班活動と地域運営委員会の拡大強化、店舗地区でのグループ組織化などが取り組まれました。組合員活動は食品添加物問題など消費者課題だけでなく、生協規制反対や反核・平和の活動などを全国の生協の仲間とともに取り組みます。

事業規模は、83年に供給高75億円規模まで縮小しますが、その後、単年度では黒字経営を続けます。ＯＣＲの導入などで共同購入事業が軌道に乗り、県内全域に組織と事業が拡大していきました。しかし、リースバックした山口店を買い戻す力までは回復できず、87年、特別損の発生を覚悟して買い戻しを断念します。81年、82年以来の再度の経営危機でしたが、「経営再建というより生協運動の再生だ」と位置づけ、88年から〝再生5カ年計画〟に取り組みます。

それは「拡大基調から既存組織を大切にした運営」への転換をうたうもので、「組合員の意見・要望を聞く」運動が全分野で展開されましたその努力が実り、88年度2・2億円、90年度3・3億円と経常剰余黒となりました。

80年代の中国の生協は、岡山生協が共同購入事業を軸に堅実に再建の道を進み、85年には組合員5万人、供給高100億円の規模となり、広島では84年に県民生協と中央市民生協が合併、生協ひろしまが誕生。さらに福山《ふくやま》生協、尾道《おのみち》生協と合併します。四国では84年にとくしま生協、85年こうち生協が誕生し、各県の地域生協の交流・連帯のため86年には中四国生協連絡協議会が結成されます。

□危機からの再生――全国的には〝経営と信頼の危機〟(90年代)

日本経済は80年代後半の株や不動産の高騰＝バブル経済から一転し、91年から〝平成不況〟に入りますが、その影響は生協にも表れます。92年、日本の生協はこれまで最高の到達点でＩＣＡ[*2]東京大会を迎えますが、バブル崩壊と不況のもと、94年には全国生協の事業高が初めて前年割れをみます。

その後も事業高は一進一退を続け、経営不振から倒産する生協が生まれ〝経営の危機〟が顕著になります。90年代に入ると東京、秋田、大分などの生協で経営破たんが発生しますが、後半には北海道3生協の大規模な経営破たんが問題となります。福島、佐賀、群馬でも経営困難生協が発生し、日本生協連は「全国生協連帯基金」と「経営支援機構」を全国生協の協力で創設、それらの再建支援にあたりました。

一方で一部生協ではトップの不祥事なども発生し〝信頼の危機〟も叫ばれます。そのような危機を克服するため生協の理念・原則にそった運営の強化、事業経営の「構造改革」が取り組まれ、各地で県域を超えたリージョナル連帯が進められました。

山口中央生協は90年に、80年代の経営危機・再生の時期を振り返り、その教訓を「事業拡大は組織強化と連携して進める」など4項目にまとめ、「街まちに協同する姿のある山口県を」組合員の願いにしていく「90年代ビジョン」を決定しました。「事業推進の基礎となる組合員組織と執行組織の活性化」とか「投資は自己資金の充実のもとで」など「教訓」としてうたったことは、全国の生協が教訓とすべきことでした。

このビジョンに基づく中計のもと「県民の過半数の組織化、組合員一人当たり利用高アップ、班・グループ強化」などの課題に取り組み、93年に創立30周年を迎えます。創立30周年を機に名称を変更、新生・コープやまぐちとしての再出発を祝います。95年にはサンやまぐち㈱から3店舗を買い戻し、再び生協の店として運営することにします。サンやまぐち㈱の看板になってから10年で、組合員にとって「私たちの店」が戻ってきたわけであり、生協が「再生」した姿でした。

しかし、コープやまぐちも全国生協と同様に94年度は総供給高が前年割れで、95年も共同購入と既存店は前年割れが続きました。95年、商品力と店舗ノウハウの強化をめざし結成されたKネット協同連帯機構（コープこうべ中心）に参加し、また、日本生協連の低価格商品利用などで利用結集の強化を図ります。また、店舗では450坪型店を97年に出店、成功させます。全国的にも事業経営の構造改革が課題でしたが、コープやまぐちでは98年「組織体質の改善、収益体質の改善、事業基盤の整備」を掲げ、組合員組織とあわせ「元気な職場、マネジメント力、経常利益2％」などに取り組みます。

90年代後半は、長引く不況のもとで消費者の購買力は低下し、全国の地域生協の供給高は低迷を続けますが、コープやまぐちも99年からは供給高の前年割れが続きます。90年代の10年間で見ると組合員は91年の10万4000人から2000年の14万5000人に、供給高も同162億円から205億円と全国の地域生協に比べ堅実な伸長だったといえます。

21世紀を迎えて

21世紀を迎えた日本経済は、バブル経済崩壊後の停滞と混迷が続き、失業や非正規労働の拡大、「格差」問題など国民の暮らしをめぐる不安は続きました。勤労所得の低下は組合員の家計収入、消費支出の減少（98年を100として03年91％、07年90％）となり、組合員の生協利用高も低下を続けました。このような状況のなか、全国の生協は90年代に築いた事業連合などリージョナル連帯の力を全国的にも結集し、商品力の強化や事業経営の「構造改革」などを進めました。

地域生協の組合員は2000年の1450万人から05年1652万人、10年1895万人と毎年2～3%伸長しました。事業高は00年25915億円が05年26262億円とわずかな伸長をみせ、07年に27247億円までいきましたが、07年以降は少しずつ後退し、10年26538億円となっています。地域生協組合員の一人当たり月利用高は03年の14170円から10年の11767円へ毎年減少しています。業態別にみると、宅配事業では班供給は減少しましたが、個配が伸びて09年までわずかに増加を続けました。店舗事業は赤字店の閉鎖などが進められて店数が減少、新店で面積は維持しましたが供給高は後退が続きました。

このように、21世紀に入ってからの全国の地域生協の購買事業は90年代以上に厳しい状況が続いています。共済事業は順調に拡大しましたが、各生協で取り組みが広がった福祉事業については採算が取れないところが多く、日本生協連は第3の事業と位置付け、健全化に取り組みました。

組合員活動は組合員の多様化や社会的ニーズの拡大のなかで、取り組む分野が拡大していきました。市や町で組合員の対住民比重が高まる（00年、全国平均で30%を超した）なかで、地域に根差した社会的貢献活動が活発化していきました。

そのようななかで、11年3月11日の東日本大震災は、地震津波に福島原発の被災・放射能被害を伴い、東北地方に甚大な被害と多くの国民に苦難をもたらしました。

コープやまぐちは21世紀を組合員14万8000人、供給高205億円弱（2001年度）の規模でスタートし、「事業構造改革」を掲げ、01年度から個配も始めます。しかし、供給高の前年割れが続き、他の多くの地域生協でもみられましたが「購買事業は赤、共済事業で黒」といった状況でした。念願の購買事業の黒字化は04年度に達成、4年間無配だった出資配当を復活させ、06年度には6年ぶりの増収増益で過去最高の経常剰余3・6億円を確保しました。21世紀に入り、事業・経営構造の改革は全国生協の共通の課題でしたが、コープやまぐちはその課題で一定の成果を出したといえます。大きな課題だった店舗問題では閉店や新改装などのほか、行政や地域商店街と協調しての出店など、宅配事業ではコープCSネット（中四国事業連合）による商品力強化、中国5生協のカタログ統一（06年）や、インターネット活用などが進められました。商品問題では05年にJAグループと協同し「やまぐち食の安心・安全研究センター」を設立し、中国5生協を含め、生鮮食品等の品質検査を強めたことが注目されます。08年の冷凍餃子重大事故発生は全国的に大きなショックを与えましたが、コープやまぐちではその影響を最小限に抑えられました。

組合員活動も、消費者運動課題から福祉、環境、平和などこれまでの活動を発展させていますが、さらに地域のボランティア団体を支援する「女性いきいき大賞」を創設（06年）するなど、他団体や行政との連携を強め、地域社会づくりに役立つ活動を進めました。

08年から世界的な不況、一層の消費の冷え込みのなか餃子事故等もあり、全国の生協の事業は低迷を続けます。コープやまぐちも供給高は減少ないしは横ばいの状況ですが、経営は安定しています（11年度経常剰余3・5億円）。07年に高齢者向けに夕食宅配を始めましたが、09年に有料老人ホームを持つ、旧山口厚生年金休暇センター「ウェルサンピア宇部《うべ》」を取得するなど、福祉面で新しい事業も始めました。もともと力を入れてきた産直を組合員の「地産知食」運動として取り組み、農業生産法人 ココ・ファームを立ち上げる（10年）など、新規企画にも意欲的です。

コープやまぐちの組合員数は18万5１００人（12年度）になり、県民世帯の31％に達しました。念願の「県民の過半数」には達していませんが、地域に根ざした組合員の諸活動と全県に展開されている事業活動で、コープやまぐちは山口県に、地域社会に「無くてはならない存在」になっています。


（さいとう・よしあき　元日本生活協同組合連合会常務理事、『現代日本生協運動史』編さん担当）

注

＊1　ドッジライン：Dodge Line　１９４９年3月7日、日本経済の自立と安定のために実施された財政金融引き締め政策。インフレ・国内消費抑制と輸出振興が軸。ＧＨＱ経済顧問として来日したジョゼフ・ドッジが立案、勧告した。

＊2　ＩＣＡ：国際協同組合同盟（International Co-operative Alliance）　１８９５年に設立された協同組合の国際組織。ジュネーブに本部を置く。世界の協同組合運動の推進、協同組合の価値と原則の推進と擁護、協同組合間の協力関係の促進、世界平和と安全保障への貢献などを目的とし、情報発信、国際会議やセミナーの開催、国連への提言などの活動を行っている。93カ国から、農業、消費者、信用、保険、保健、漁業、林業、労働者、旅行、住宅、エネルギーなどさまざまな協同組合の全国組織２４９組織が加盟しており、傘下協同組合の組合員総数は10億人を超える。また、国連のグレードAのオブザーバーとなっており、経済社会理事会をはじめ、ＦＡＯ・ＩＬＯ・ＵＮＩＤＯ・ＵＮＣＴＡＤ・ユニセフ・ユネスコで議案提案権のある一般カテゴリーの諮問機関。

あとがき――半完成協奏曲への感謝

コープやまぐち50年を迎えたこの年の第51回通常総代会で、私は第3代理事長の任を後任の岡崎悟《おかざきさとる》さんにバトンタッチできましたが、他の組織等でのお役目などすべてを新理事長に交代することは難しいこともあり、常勤の会長でいくつかの任務をもっています。

その一つに、50周年に当たり、今までの歴史をまとめておくことがあります。私は50年間のうち44年間を勤務させていただき、37歳で常任理事就任以来、常務8年、専務9年、理事長10年と、28年間を常勤の役員を務めさせていただきました。いつの頃からか、「50年の歴史は私が整理しなければ」という気持ちは、責任という概念で私の気持ちの中に存在してきました。

永い役員歴で学んだことを後世に伝える役割を果たしたい

理事長交代に際しての、総代会あいさつで、「おこがましい言い方ですが、コープやまぐちの歴史は、私にとっては、私自身が成長させていただいた歴史……」と、不遜に聞こえないようにと気を配りながら、申し上げました。入協してすぐに灘《なだ》神戸生協（現・コープこうべ）での長期の研修は、給与を負担して受け入れていただいたものでした。他の生協に「給与も出して教育を」と頭を下げ、職員教育の大切さを実行した当時のトップと、それを受け入れていただいたコープこうべ双方から学ばねばならないと思ったのは、経営に参画させていただいてからのことです。

山口中央生協という名称での成長期の頃、鶴岡《つるおか》生協（現・生協共立社《きょうりつしゃ》）の佐藤理事長を招いての研修会で、「赤ちゃんの粉ミルクは、生協への納入価格で供給している」という実践があり、学ばせていただきました。子育て支援が言われだした頃、何かできないかの論議をしていたとき、「20年くらい前のことを思えば、今の経済力で、県内で年間に生まれる1万2000人の赤ちゃん全員に、毎週1本の牛乳ぐらいプレゼントできないのだろうか？」などと、無茶《むちゃ》に思える発言をしました。それが出産前後の1年間、登録された組合員に、毎週登録商品の中から1品プレゼント、宅配配達料無料などの、赤ちゃんサポートにつながりました。

夕食宅配もその延長線上に生まれました。このように、こうした時代時代の要請に応えていくためには、歴史から学ぶことは大切と思えます。経済は予見できませんが、人口減少は確実に進み、今までの大きな成長トレンドと変わる社会での生協への期待は、大きく変化していくでしょう。そうした際に「考え方として、継承してほしいことを伝えたい」という気持ちをもって、この本の編さんに当たったつもりですが、その企図を十分に表現する力がなかったことは、お許しいただきたいと思います。

50年の歴史を客観性をもってまとめたい

主観的になり過ぎてはならないと気を配ったつもりです。客観的にという目標は、この書籍や、新聞掲載、座談会などの一連を小川《おがわ》先生に指導いただけたこと、日本生協連元常務の斎藤《さいとう》さんに、戦後の日本の生協運動の歴史の中のコープやまぐちを整理いただけたこと、山口新聞社の宇和島《うわじま》さんに取材執筆をいただき、新聞に連載し、コープやまぐちの歴史を公開することなどで達成できたと思います。ありがとうございます。心から感謝申し上げます。

未来志向の50周年にしたい

歴史を振り返ることは、未来へのチャレンジが伴うものであれば価値が高まります。小川先生の提言、山口新聞社の宇和島さんの執筆編集の中での示唆、今後へ向けての座談会の中での樋口梅光学院大学学長《ひぐちばいこう》はじめ、多くの方によるさまざまな提言、あるいは、今回50周年事業の一つとして、別に『伝えあうおいしいやまぐち・現代に活かす伝統食』を発刊いたしました中での、地域に根差した伝統料理を継承していきたいという主旨への賛同、こうしたそれぞれの中で、今後の生協への期待が込められています。これらを受けとめ、実践していくことが、将来、50周年事業が未来志向であったと評価されることにつながるでしょう。

県民〝共有の財産〟を育てる　半完成協奏曲　♪さらなる・はんせいきへ♪

経験した経営危機、あたえられた存続へのチャンス、それをバネに、「真に自立した生協にしたいと願う組合員、役職員の気持ちと、一人ひとりの願いを実現するために力を寄せ合う行動」で、県民30％の参加組織、借入金をなくす状況をつくり上げていただいた到達点。そのように、幸いに半世紀を迎えることができたことを、「協奏曲」になぞらえました。

「協奏」には、組合員と組合員、組合員と役職員、生協とパートナーシップを発揮いただいたお取引先や生産者組織、ご支援いただいた行政やさまざまな分野の方々、そういう多くの方々との、地域社会というステージの上に奏であげられたものという意を込めました。

コープやまぐちは、「より良いくらしと住み良い地域を築きたい、そのために力を出し合う生活者の力で運営される組織」であり、それを応援いただく方がたとの協力・協同で成り立つ、山口県民〝共有の財産〟だと思います。いや、まだそこまでいうことはおこがましいでしょうから、そのように志していきたいし、そう認められるように育て上げていただけますようお願いいたします。

「半完成」としたことは、コープやまぐちを「県民共有の財産に育て上げてほしい」という、未来へのメッセージと受けとめていただければ幸甚です。出版までにさまざまにご協力いただきました方がたに加えて、取材、執筆、編集、写真など、それぞれの分野でご協力いただきました皆さまに感謝申し上げ、編著者としての「あとがき」にいたします。

有吉政博（ありよし・まさひろ　生活協同組合コープやまぐち会長理事）

【監修者紹介】

小川 全夫（おがわ たけお）

1943年台北市生まれ。

九州大学大学院文学研究科修士課程修了。博士（文学）。

宮崎大学、山口大学、九州大学大学院、山口県立大学大学院を経て、2002年から熊本学園大学社会福祉学部教授。山口大学・九州大学名誉教授。

アジア太平洋アクティブ・エイジング・コンソーシアム（ACAP）創始者。特定非営利活動法人アジアン・エイジング・ビジネスセンター理事長。全国老人クラブ連合会評議員。生涯現役社会学会初代会長。元生活協同組合コープやまぐち経営監理委員。2012年国際協同組合年山口県実行委員会会長。

著書に『老いる東アジアへの取り組み：相互理解と連携の拠点形成を』（九州大学出版会）、『高齢社会の地域政策：山口県からの政策提言』（ミネルヴァ書房）、『地域の高齢化と福祉：高齢者のコミュニティ状況』（恒星社厚生閣）など

県民“共有の財産”を育てる

半完成協奏曲 ♪さらなる·はんせいきへ♪

コープやまぐち50年の軌跡

[発 行 日] 2013年10月22日　初版1刷

[検印廃止]

[監 修 者] 小川全夫

[編 著 者] 有吉政博

[発 行 者] 和田寿昭

[発 行 元] 日本生活協同組合連合会
〒150-8913　東京都渋谷区渋谷3-29-8　コーププラザ
TEL. 03-5778-8183（出版グループ）

[発 売 元] コープ出版(株)
〒151-8913　東京都渋谷区渋谷3-29-8　コーププラザ
TEL. 03-5778-8050
www.coop-book.jp

[制作・印刷] 株式会社 晃陽社

Printed in Japan

ISBN978-4-87332-328-2　落丁本・乱丁本はお取り替えいたします。